BRAUCHT DER MENSCH ERLÖSUNG?

VERÖFFENTLICHUNGEN DER
RUDOLF-BULTMANN-GESELLSCHAFT FÜR
HERMENEUTISCHE THEOLOGIE E. V.

BRAUCHT DER MENSCH ERLÖSUNG?

Herausgegeben von
Christof Landmesser und Doris Hiller

EVANGELISCHE VERLAGSANSTALT
Leipzig

Bibliographische Information der Deutschen Nationalbibliothek
Die Deutsche Nationalbibliothek verzeichnet diese Publikation in der
Deutschen Nationalbibliographie; detaillierte bibliographische Daten
sind im Internet über http://dnb.dnb.de abrufbar.

© 2020 by Evangelische Verlagsanstalt GmbH · Leipzig
Printed in Germany

Das Werk einschließlich aller seiner Teile ist urheberrechtlich geschützt.
Jede Verwertung außerhalb der Grenzen des Urheberrechtsgesetzes ist ohne
Zustimmung des Verlags unzulässig und strafbar. Das gilt insbesondere für
Vervielfältigungen, Übersetzungen, Mikroverfilmungen und die Einspeicherung
und Verarbeitung in elektronischen Systemen.

Das Buch wurde auf alterungsbeständigem Papier gedruckt.

Cover: Kai-Michael Gustmann, Leipzig
Satz: Doris Hiller, Heidelberg
Druck und Binden: Hubert & Co., Göttingen

ISBN 978-3-374-06471-7
www.eva-leipzig.de

Vorwort

Mit dem vorliegenden Sammelband werden die ausgearbeiteten Vorträge der 21. Jahrestagung der Rudolf-Bultmann-Gesellschaft für Hermeneutische Theologie, die vom 18.-20. Februar 2919 in der Evangelischen Tagungsstätte Hofgeismar stattfand dokumentiert. Das Thema stand unter der Leitfrage »Braucht der Mensch Erlösung?« und die unterschiedlichen Antwortperspektiven aus christlich-jüdischer, biotechnologischer und ethischer Sicht haben zur theologischen Diskussion um die Erlösungsbedürftigkeit des Menschen angeregt.

Zu danken ist vor allem den Referentinnen und Referenten sowie den Teilnehmenden der Tagung, die diesen Austausch ermöglicht haben. Es ist uns auch wie immer ein großes Anliegen, all denen zu danken, die ebenfalls zum Gelingen der Tagung und zur Drucklegung des Tagungsbandes beigetragen haben. Es sind dies zunächst die Leitung und die Mitarbeiterinnen und Mitarbeiter der Evangelischen Tagungsstätte Hofgeismar. Ebenso danken wir den wissenschaftlichen Hilfskräften am Lehrstuhl von Prof. Dr. Landmesser, namentlich Frau Désirée Rupp, Herrn Moritz Krämer und Herrn Tim Spahn für die Mühen des Korrekturlesens.

Besonders haben wir den Mitarbeiterinnen und Mitarbeitern der Evangelischen Verlagsanstalt Leipzig mit ihrer Verlagsleiterin Dr. Annette Weidhas zu danken für ihre hervorragende editorische Betreuung.

Tübingen und Heidelberg, im Oktober 2019
Christof Landmesser
Doris Hiller

INHALT

EINLEITUNG 9
Christof Landmesser und Doris Hiller

»... UNS AUS DEM ELEND ZU ERLÖSEN«
Gelebte (Erlösungs-)Religion zwischen Totalitarismus und
individueller Freiheit 13
Albrecht Grözinger

ERLÖSUNG DURCH GENTECHNOLOGIEN
Überlegungen aus naturwissenschaftlicher und jüdischer
Perspektive 23
Lilian Marx-Stölting

ZUR ERLÖSUNGSBEDÜRFTIGKEIT DES MENSCHEN IN PSALMEN
UND KLAGELIEDERN 43
Marianne Grohmann

ERLÖSUNG
Neutestamentliche Perspektiven 61
Eckart Reinmuth

ERLÖSUNG, VERVOLLKOMMNUNG, RÜCKKEHR
Anthropologische Konzepte in Mittelalter, Humanismus
und Reformation 87
Volker Leppin

DIFFERENZERFAHRUNG UND PERSONALE INTEGRITÄT
Zur Plausibilisierung theologischer Rede von der Erlösungsbedürftigkeit
des Menschen 109
Dorothee Schlenke

AUTORINNEN UND AUTOREN 129

Einleitung

Braucht der Mensch Erlösung? – Die Antwort auf diese Frage scheint denkbar einfach zu sein. Der ganz oberflächliche Blick in die Welt lässt die Erlösungsbedürftigkeit vieler Menschen in ganz unterschiedlichen Hinsichten offenkundig werden. Es sind auch die großen Katastrophen unserer Zeit, mit denen die Erlösungsbedürftigkeit der Welt belegt werden kann. Wer wünschte sich nicht ein Ende der kriegerischen Konflikte in Afghanistan, in Syrien oder im Jemen. Wer hoffte nicht auf eine Entspannung für die Menschen, die sich gezwungen sehen, ihre Heimat zu verlassen, um ihre Existenz zu sichern und überhaupt überleben zu können. Oder wer ist nicht berührt von der Not der Obdachlosen in unseren Städten, die auch in kältesten Winternächten kein schützendes Dach über dem Kopf finden. Die Frage nach der Erlösungsbedürftigkeit hat immer auch diese politische und gesellschaftliche Dimension.

Diese Beobachtung wird von einer zweiten Wahrnehmung begleitet. Es gibt unendlich viele Erlösungsversprechen. Oft sind solche Angebote einfach gestrickt. Von Mauern und anderen Abgrenzungen wird der Schutz vor dem Fremden und Bedrohlichen erhofft. Geschaffen werden dadurch aber vielmehr neue Bindungen, Knechtungen und Gefährdungen von Existenzen.

Es ist offensichtlich, dass wir der Frage, ob der Mensch Erlösung braucht und wie solche geschehen soll, viel genauer und in unterschiedlichen Perspektiven nachgehen müssen. In unserer jüdisch-christlichen Tradition ist das Motiv der Erlösung hoch präsent. Es ist schon in den biblischen Texten zu beobachten, dass sich die Sehnsucht nach Erlösung immer auf sehr konkrete Lebenssituationen der Menschen bezieht. Das lässt sich etwa in den Klagepsalmen ablesen, wenn ein Beter aus tiefster existentieller und aktueller Bedrohtheit seinen Gott um Hilfe anruft. Auch die Erzählungen vom Exodus aus Ägypten verdichten literarisch die frühe Geschichte der Israeliten, die ihre Identität über Gottes Befreiungshandeln finden. Und Paulus interpretiert in seinen Briefen den rettenden Christusglauben als eine Erlösung von der Sünde, die unser aller Dasein auf den Tod hin bindet. Die Sünde erscheint als die Urmacht, von der wir Menschen erlöst werden müssen, um ein Leben zu erlangen, das dem Willen des Schöpfers entspricht. Und so wird das Spannungsfeld offengelegt, in dem die theologische Frage nach der Erlösung ihren Ort hat. Die Sünde bringt den Tod und die Erlösung schafft das Leben.

Das Bündel von Fragen wird dadurch aber nur umfangreicher. *Wer genau* bedarf denn der Erlösung und in welcher Hinsicht? Die theologisch richtige Wahrnehmung der Erlösungsbedürftigkeit aller Menschen aufgrund der Sünde und des Todes in der Welt kann unbedacht zur Einebnung besonderer Bedarfe einzelner Menschen führen. Wie hängen die Erlösung des einzelnen Menschen und der anderen zusammen? Und wie verhält es sich mit einer Erlösung der Schöpfung und des Kosmos überhaupt? Die Frage nach der Erlösung kann auf eine Antwort hoffen, wenn die Stellung des Menschen nicht nur zu sich selbst, sondern auch zu seinen Mitmenschen, in der Welt und in seinem Gottesverhältnis bedacht wird.

Aber auch die Frage, *wovon* wir denn Erlösung erhoffen, ist recht umfangreich. Denn die Macht der Sünde greift auf uns Menschen nicht erst in unserem eigenen Tod zu. Ungerechtigkeiten, die Geißel von Krankheit, Einsamkeiten, soziale Not, Krieg und Unterdrückung sind so real, dass kein Mensch von ihnen unberührt bliebe. Das Feld der Erlösungsbedürftigkeit ist sehr weit.

Und nicht zuletzt ist die Frage zu stellen, wer denn das *Subjekt der Erlösung* ist, von wem oder wovon erhoffen wir mit Recht und begründet Erlösung für unser Leben. Auch hier ist die rasche und richtige Antwort, dass wir Erlösung von Gott erwarten, durchaus verfänglich. Erlösung, die das Leben erschließt, muss konkret werden. Und so ist auch theologisch nach den Konkretionen der Erlösung zur fragen, auch danach, welche Rolle wir selbst spielen, wenn andere nach Erlösung suchen.

Braucht der Mensch Erlösung? – Die so gestellte Frage löst viele Assoziationen aus, die uns in das weite Feld der Anthropologie führen. Damit verbunden sind immer auch Fragen nach unserer Stellung als Menschen in unserer gegenwärtigen Wirklichkeit. Die hier nur assoziativ angedeuteten Überlegungen lassen sich durch viele weitere und noch gar nicht genannte Hinsichten ergänzen.

Die Aufsätze dieses Bandes beleuchten sehr unterschiedliche Aspekte der Frage nach der Erlösungsbedürftigkeit der Menschen und der Welt. *Albrecht Grözinger* (Basel) führt in praktisch-theologischer Perspektive in das Thema unter dem Titel ein: *»... uns aus dem Elend zu erlösen« – Gelebte (Erlösungs-)Religion zwischen Totalitarismus und individueller Freiheit*. Einblicke in hoch aktuelle Diskurse bietet *Lilian Marx-Stölting* (Berlin): *Erlösung durch Gentechnologien? Überlegungen aus naturwissenschaftlicher und jüdischer Perspektive*. Und natürlich sind Einsichten in die biblischen Texte für unsere Arbeit immer von großer Bedeutung. Zunächst führt *Marianne Grohmann* (Wien) in die Welt des Alten Testaments unter dem Thema *Zur Erlösungsbedürftigkeit des Menschen in Psalmen und Klageliedern*. Zentrale Passagen aus dem Neuen Testament erschließt *Eckart Reinmuth* (Rostock): *Erlösung. Neutestamentliche Perspektiven*. Einblicke in die folgende Geschichte der christlichen Rede von der Erlösung verschafft *Volker Leppin* (Tübingen): *Erlösung, Vervollkommnung und Rückkehr. Anthropologische Konzepte im Mittelalter, Humanismus und Reformation*. Zuletzt beleuchtet *Dorothee*

Schlenke (Freiburg) aus der Sicht der Systematischen Theologie unter dem Titel *Differenzerfahrung und personale Integrität. Zur Plausibilisierung theologischer Rede von der Erlösungsbedürftigkeit des Menschen* die gestellte Frage.

Der thematische Bogen ist damit sehr weit gespannt, die Frage nach der Erlösung führt tief in das Feld der Anthropologie. Das ist für die Arbeit der Rudolf-Bultmann-Gesellschaft für Hermeneutische Theologie sehr angemessen. Die Frage nach der Erlösungsbedürftigkeit des Menschen ist sowohl eine Alltagsfrage für alle Menschen, sie stellt aber auch die Theologie vor besondere Herausforderungen. Beide Perspektiven führen in einen Diskurs, zu dem die Aufsätze einen Beitrag leisten.

Christof Landmesser
Doris Hiller

»... UNS AUS DEM ELEND ZU ERLÖSEN«

Gelebte (Erlösungs-)Religion zwischen Totalitarismus und individueller Freiheit

Albrecht Grözinger

I.

Ich bin von der Rudolf-Bultmann-Gesellschaft eingeladen worden zum Thema »Braucht der Mensch Erlösung« als Praktischer Theologe zu sprechen. Und ich habe mir lange überlegt, was denn der spezielle Beitrag der Praktischen Theologie zu diesem Thema sein könnte. Schließlich bin ich bei dem Begriff der Gelebten Religion gelandet, der mir aus mehreren Gründen geeignet zu sein scheint, das Thema praktisch-theologisch zu perspektiveren. Der Begriff ist zu einem Programmbegriff sowohl der Systematischen als auch der Praktischen Theologie geworden.[1] Insofern haftet ihm von Anfang an eine interdisziplinäre Ausrichtung an, die auch über die Systematische und Praktische Theologie hinaus in die anderen theologischen Fächer auszustrahlen vermag. Gelebte Religion meint die alltagspraktische Präsenz und Praxis von Religion im weitesten Sinne. Der Begriff umfasst mehr als Glaube und hat einen erkennbar dogmatisch-kritischen Impuls. Er schillert zwischen phänomenologischer Beschreibung und normativ-kritischem Gehalt. Er beansprucht Phänomene von Religionssäkularisaten ebenso zu beschreiben wie hochkirchliche Formen von religiösen Vollzügen. Bereits im Jahre 1976 hat ein Doyen der damaligen Praktischen Theologie Dietrich Rössler zu Recht festgestellt: »Was gelebte Religion ist, lässt sich allein im Kontext der Deutungen von Religion ausdrücklich machen.«[2]

Deshalb ist der Begriff der gelebten Religion nicht unproblematisch. Er gewinnt oder verliert seinen aufklärerischen Gehalt jeweils im konkreten Vollzug. In diesem Sinne möchte ich heute diesen Begriff verwenden.

---

[1] Vgl. dazu ALBRECHT GRÖZINGER/GEORG PFLEIDERER (HG.), Gelebte Religion als Programmbegriff Systematischer und Praktischer Theologie, Zürich 2002.
[2] DIETRICH RÖSSLER, Die Vernunft der Religion, München 1976, 67.

II.

Ich setze mit einem konkreten Datum ein. Am 4. Juni 1941 hält Rudolf Bultmann seinen berühmten Alpirsbacher Vortrag zum Thema »Neues Testament und Mythologie«, der die theologische Landschaft in den folgenden Jahrzehnten in Atem halten und umpflügen sollte. Als Bultmann seinen Vortrag hielt war der Zweite Weltkrieg, der übrigens im Vortrag seltsam anwesend-abwesend ist, in ein entscheidendes Stadium getreten. Zu diesem Zeitpunkt liefen unter dem Codewort Unternehmen Barbarossa die Vorbereitungen für den Überfall der deutschen Wehrmacht auf die Sowjetunion am 22. Juni 1941 bereits auf Hochtouren. Damit standen die beiden großen totalitären politischen Systeme nicht nur in einer ideologischen, sondern auch militärischen Konfrontation.

Diese beiden politischen Ideologien haben den Verlauf des 20. Jahrhundert entscheidend geprägt. Sie gehören mit zum Gesicht dieses Jahrhunderts. Angesichts der Verbrechen und der Verwüstungen, die diese beiden Ideologien begangen und hinterlassen haben, verwundert es aus der Rückschau, dass sich so viele Menschen diesen beiden politischen Systeme verpflichtet fühlten. Und zwar durchaus freiwillig. Beide Systeme konnten nur an die Macht gelangen und sich an der Macht halten, weil sie über eine gewisse Basis unter den Menschen verfügten. Dies war nur möglich – und damit bin ich bei meinem Thema – weil beide Ideologien für ein Heils- und Erlösungsversprechen standen, das implizit und explizit am Werk war. Nicht von ungefähr sind die ersten Worte des Titels meines Vortrages der Internationalen entnommen. Der Kommunismus stand für das Heils- und Erlösungsversprechen aus dem sozialen Elend durch den Eintritt in die klassenlose Gesellschaft. Der Nationalsozialismus stand für das Heils- und Erlösungsversprechen aus der Demütigung des verlorenen Ersten Weltkrieges zu befreien durch den rassisch formierten Herrschaftsvollzug des zu sich selbst gekommenen deutschen Volks. Beide, der Kommunismus wie der Nationalsozialismus, haben als säkularisierte Erlösungsreligion ihre Machtbasis geschaffen und erhalten. Ich möchte dies nun nicht nur einfach behaupten, sondern ihnen an zwei Beispielen zeigen.

Das erste Beispiel ist die Eingangssequenz des Filmes, den Leni Riefenstahl über den Reichsparteitag der NSDAP vom 5.–10. September 1934 in Nürnberg unter dem Titel *Triumph des Willens* gedreht hat.[3] Leni Riefenstahlt stellt ja bis auf den heutigen Tag eine Herausforderung dar. Auf der einen Seite war sie unbestritten eine der bedeutendsten Propagandistinnen des Nationalsozialismus. Auf der anderen Seite können ihren Filmen bestimmte ästhetische Qualitäten nicht abgesprochen werden. Dies zeigt nicht zuletzt der Film von 1934. Wir wissen heute, dass der Ablauf des Parteitags eng mit Riefenstahl abgestimmt war und auch von ihr mitbestimmt wurde. Deshalb kann man auch nicht einfach

---

[3] Der Film ist in verschiedenen Einspielungen auf YouTube abrufbar. Auf der Tagung wurde folgende Version gezeigt: https://www.youtube.com/watch?v=wLYWhsVccwk

sagen: Riefenstahl filmte diesen Parteitag, sondern Riefenstahl konstruierte den Parteitag mit, so wie sie ihn filmen wollte. Und deshalb sind das ästhetische Format dieses Films für eine inhaltliche Bestimmung des Nationalsozialismus so bedeutsam.

Was ist in der Eingangssequenz dieses Films zu sehen? Der Film beginnt mit einem Machtsymbol – dem Adler mit dem Hakenkreuz – begleitet von heroischer Musik. Das Symbol signalisiert: Wir betreten jetzt einen Machtbereich, der dem Willen eines Anderen unterstellt ist. Dann folgen die Worte *Hergestellt im Auftrage des Führers – Gestaltet von Leni Riefenstahl*. Als der eigentliche Autor des Films wird Adolf Hitler benannt – Leni Riefenstahl ist nur die Botin / Prophetin / die Stimme des Führers.

Darauf folgt ein Datum *Am 5. September 1934*. Dieses Datum wird sogleich qualifiziert *20 Jahre nach dem Ausbruch des Weltkrieges* sowie *16 Jahre nach dem Anfang des deutschen Leidens* – alles begleitet von heroischer, gleichwohl gedämpfter Musik im Moll-Ton. Dann wechselt die Musik in einen hellen Dur-Klang und die Worte erscheinen: *19 Monate nach dem Beginn der deutschen Wiedergeburt*. Damit ist die Zeit klar religiös qualifiziert. Es gibt ein Davor und ein Danach. Das Davor ist das Leiden und das Danach qualifiziert die Zeit als Zeit der Erlösung aus dem Leiden. Und jetzt kommt der Erlöser ins Spiel. Er erscheint an diesem 5. September, um *Heerschau* abzuhalten – so wiederum der eingespielte Text. Und jetzt kommen die Bilder. Wir sitzen im Cockpit eines Flugzeuges über den Wolken. Das Heil kommt von oben – es ist ein *Aufgang aus der Höh*. Dann lichten sich die Wolken und wir sehen Nürnberg, dem Dunst entsteigend. Das Horst-Wessel-Lied wird – eher zurückhaltend – intoniert und der Schatten des Flugzeugs, in dem der Retter sitzt, gleitet über die Stadt und die Menschen. *Unter dem Schatten seiner Flügel ist eure Rettung nah*. Schließlich entsteigt der Retter dem Flugzeug – von den Menschen enthusiastisch begrüßt. Die nach Erlösung lechzenden Gesichter und emporgereckten Arme können von Riefenstahl gar nicht lange und oft genug gezeigt werden. Es erfolgt der Einzug in die Stadt, nicht auf einem Esel, sondern – der Nationalsozialismus liebte die technische Moderne – im Kraftfahrzeug neuester Provenienz. Statt der ausgebreiteten Kleider und den Zweigen – wiederum die gereckten Arme und die begeisterten Antlitze der Menschen und – eine entscheidende Szene – der Blumenstrauß des kleinen Kindes auf dem Arm der Mutter. Leni Riefenstahl kann all dies gar nicht lange genug zeigen. *Macht hoch die Tür, die Tor macht weit* – an diesem 5. September 1935 in Nürnberg. Der Retter ist distanziert und doch nah bei der Begrüßung von der Fensterbalustrade – so die abschließende Szene der Eingangsphase des Filmes. Religiös hoch konnotiert und als Subtext ganz unerkennbar der Einzug in Jerusalem, wie ihn die Evangelien schildern. Leni Riefenstahl inszeniert mit dieser Eingangspassage unverkennbar ein Erlösungsgeschehen.

Ästhetisch sehr viel plumper und gröber erscheint dagegen die religiöse Konnotation in einem Lied, das die kommunistische Partei als Erlösungsgestalt hypostasiert. Text und Musik aus dem Jahre 1949 stammen von Louis Fürnberg (1909-1957).

> Sie hat uns Alles gegeben.
> Sonne und Wind. Und sie geizte nie.
> Wo sie war, war das Leben.
> Was wir sind, sind wir durch sie.
> Sie hat uns niemals verlassen.
> Fror auch die Welt, uns war warm.
> Uns schützt die Mutter der Massen.
> Uns trägt ihr mächtiger Arm.
>
> Die Partei, die Partei, die hat immer recht.
> Und, Genossen, es bleibe dabei.
> Denn wer kämpft
> Für das Recht, der hat immer recht
> Gegen Lüge und Ausbeuterei.
> Wer das Leben beleidigt,
> Ist dumm oder schlecht.
> Wer die Menschheit verteidigt,
> Hat immer recht.
> So, aus leninschem Geist,
> Wächst von Stalin geschweißt,
> Die Partei, die Partei, die Partei!
>
> Sie hat uns niemals geschmeichelt.
> Sank uns im Kampfe auch mal der Mut.
> Hat sie uns leis nur gestreichelt:
> Zagt nicht – und gleich war uns gut.
> Zählt denn auch Schmerz und Beschwerde,
> Wenn uns das Gute gelingt?
> Wenn man den Ärmsten der Erde
> Freiheit und Frieden erzwingt!
>
> Die Partei ...
>
> Sie hat uns alles gegeben.
> Ziegel zum Bau und den großen Plan.
> Sie sprach: Meistert das Leben!
> Vorwärts, Genossen, packt an!
> Hetzen Hyänen zum Kriege –
> Bricht euer Bau ihre Macht!
> Zimmert das Haus und die Wiege!
> Bauleute, seid auf der Wacht!
>
> Die Partei ...

Die Partei erscheint als handelnde Person, von der alles zu erwarten ist. Sie gibt alles, sie ist das Leben selbst. Sie schützt und sie züchtigt. Sie ist allmächtig. Und zugleich spricht das Lied von den durch die Partei Erlösten. Sie stehen immer auf der richtigen Seite: Wer die Menschheit verteidigt hat immer recht.

Wie bereits gesagt – es ist alles andere als ein Zufall, dass wir im Umfeld der beiden großen totalitären Ideologien und Regimes des 20. Jahrhunderts verstärkt religiöse Konnotationen finden. Loyalität konnte nur erzeugt werden, weil ein Erlösungs- und Heilsversprechen abgegeben wurde und diesem Erlösungs- und Heilsversprechen von vielen Menschen – oft gegen den Augenschein und die subjektive Erfahrung – vertraut wurde. Menschen, die sich so verhalten, erweisen sich als eminent erlösungsbedürftig, wie fatal und trügerisch die angebotene Erlösung auch immer sein mochte.

III.

Ich breche an dieser Stelle meine historische Erinnerung und Analyse ab und wende mich einer eher grundsätzlichen Überlegung zu. Damit betrete ich auch den Bereich des Normativen. Politische Bewegungen, die sich als Erlösungsreligionen inszenieren, zielen auf die Loyalität ihrer gegenwärtigen und zu gewinnenden Anhängerinnen und Anhänger. Dies geschieht dadurch, dass sie eine bestimmte Identitätsstruktur intendieren. Man könnte diese Identität als Abgrenzungsidentität und Ausschließungsidentität bezeichnen. Im Falle des Nationalsozialismus geschieht dies dadurch, dass Identität durch Zugehörigkeit zu einer bestimmten Rasse und zu einem bestimmten Volk definiert ist. Alles andere wird aus dieser Identität ausgeschlossen – die Juden an erster Stelle. In den Nürnberger Rassegesetzen von 1936, die nicht von ungefähr wieder auf einem Reichsparteitag verkündet wurden, hat diese Exklusion eine perfide ausgeklügelte juristische Form erhalten. Komplizierter ist dies im Falle des Kommunismus, denn er zielte auf Identität durch Solidarität, nämlich mit der sogenannten Arbeiterklasse. So konnte man dazu gehören, auch wenn man selbst nicht der Arbeiterklasse angehörte. Ausgeschlossen aus dieser Identität wurde alles, was nicht der Arbeiterklasse diente, allen voran die sogenannten Kapitalisten und ihre Agenten. Identitäten, die sich durch Ausschluss herausbilden, sind nach außen hin eminent aggressiv. Das gilt bis auf den heutigen Tag – wie wir leider in vielen Kontexten sehen können.

Ich mache nun einen Sprung mit einer These. Diese These lautet: Das Christentum als Erlösungsreligion konstituiert sich auf eine andere Art und Weise – und zwar durch eine Identität, die einer Ausschließungsidentität diametral entgegengesetzt ist. Ich sage damit nicht, dass sich zu gewissen Zeiten und in bestimmten Gruppen Identität innerhalb des Christentums nicht auch als Ausgrenzungsidentität ausgebildet hat, sehe aber darin die Ausnahme und nicht den Regelfall.

Ich begebe mich dazu auf eine weiträumige Spurensuche und beginne bei Augustinus. Bei Augustinus – das spürt man seinen Predigten ebenso ab wie vielen seiner theologischen Abhandlungen – klingt ein neuer Ton an, wenn er über sich selbst und andere Menschen spricht. Dabei kommt seinen *Confessiones* eine besondere Bedeutung zu. Vergleicht man die *Confessiones* mit den antiken Biographien oder Selbstbiographien fällt der Wandel sofort in den Blick. Die antike Biographie verfährt eher standardisiert und in vorgegebenen Topoi, bei Augustinus scheint zum ersten Mal Individualität auf. Dies geht so weit, dass die Literaturwissenschaft in den *Confessiones* den Ursprung der modernen Autobiographie sieht.

Wie sieht nun Augustinus den Menschen, wie baut sich bei ihm menschliche Identität auf? Dazu finden wir gleich zu Beginn der *Confessiones* eine eindrückliche Passage, die ich Ihnen zunächst im Wortlaut vortragen möchte:

> Aber wie soll ich anrufen meinen Gott, meinen Gott und Herrn, da ich ihn doch, wenn ich ihn anrufe, zu mir hereinrufen muss? Ist denn eine Stätte in mir, wohin mein Gott kommen könnte, wenn er zu mir hineinkommt? Ja, wohin könnte Gott kommen, wenn er bei mir einkehrt, der Gott, der Himmel und Erde gemacht hat? Gibt es denn irgendetwas in mir, mein Herr und Gott, das dich fassen könnte? Fassen dich Himmel und Erde, die du geschaffen hast und mit denen du auch mich geschaffen hast? Oder liegt es im Gegenteil so, da ohne dich gar nichts sein kann, dass alles, was ist, dich fasst? Dann brauchte ich ja, eben darum, weil ich bin, nicht erst zu bitten, du mögest zu mir kommen, da ich nicht sein könnte, wärest du nicht bereits in mir.[4]

Augustinus fragt hier danach, wie Gott und Mensch in Beziehung zueinanderkommen können. Und er konstatiert zunächst eine Differenz zwischen Gott und Mensch in Worten, die durchaus an die frühe Dialektische Theologie erinnern. Solche Worte finden wir auch beim frühen Bultmann. Augustinus sucht nach einer Verbindung zwischen dem fernen Gott und dem Menschen – und er macht in diesem Zusammenhang eine Entdeckung: *der ferne Gott ist in mir bereits da*. Es ist also eine doppelte Differenz, die Augustinus hier benennt: die Differenz zwischen Gott und dem Menschen sowie eine Differenz im Menschen selbst – der von mir unterschiedene Gott ist dort bereits da. Dies ist eine Differenz, die nicht ausschließt, sondern im Gegenteil in der Differenz eine Bereicherung erkennt. Ich komme mir in dieser Differenz näher. Wenige Absätze später findet sich die eindrückliche Formulierung Gott sei *interior intimo meo*[5] – Gott ist mir näher als mein Innerstes. Das heißt: Ich bin nur dann bei mir, wenn ich von dem von mir unterschiedenen Gott weiß. Ich bin nicht dann bei mir, wenn ich nur mich habe, sondern wenn ich des von mir unterschiedenen Gottes ansichtig bin.

---

[4] AURELIUS AUGUSTINUS, Confessiones 1,2.
[5] AUGUSTINUS (s. Anm. 4), 3,6.

Diese Spur wird dann in der mittelalterlichen Mystik wieder aufgenommen im mystischen Dreischritt von Verharren – Ausgang – Rückkehr. Dieses Motiv wird von Martin Luther, der ja nicht zufällig durch Augustinus und die Mystik stark beeinflusst war, reformatorisch radikalisiert:

> Unsere Natur ist ... so tief auf sich selbst hin verkrümmt (lat.: *tam profunda est in seipsam incurva*), dass sie nicht nur die besten Gaben Gottes an sich reißt und genießt, ja auch Gott selbst dazu gebraucht, jene Gaben zu erlangen, sondern das auch nicht einmal merkt, daß sie gottwidrig, verkrümmt und verkehrt alles [...] nur um ihrer selbst willen sucht.[6]

Der Sünder ist für Luther der *homo incurvatus in se ipse*. Der in sich verkrümmte Mensch, der versucht, sich exklusiv aus sich selbst heraus zu konstituieren. Identität durch Exklusion gewissermaßen. Bei sich und damit erlöst ist der Mensch für Luther dagegen nur, wenn er sich auf den von ihm unterschiedenen Gott bezieht und damit zugleich frei wird, sich auf andere Menschen zu beziehen. Der *homo incurvatus in se ipse* schließt nicht nur Gott aus, sondern auch seine Mitmenschen. In einer radikalen Zuspitzung könnte man sogar sagen, der Mensch schließt sich selbst aus seinem Leben und seinen Fähigkeiten aus. Erlösung kann für einen solchen Menschen nur von außen kommen.

Paul Gerhardt hat in einem wunderschönen Choral, der von Johann Sebastian Bach ebenso wunderschön vertont wurde, dieser lebensspendenden Differenz eine eindrückliche Sprachgestalt gegeben.

> Wenn ich einmal soll scheiden,
> so scheide nicht von mir;
> wenn ich den Tod soll leiden,
> so tritt Du dann herfür;
> wenn mir, am allerbängsten
> wird um das Herze sein,
> so reiß mich aus den Ängsten
> kraft Deiner Angst und Pein.

Gott tritt hier gleichsam zwischen mich und mich – und zwar dort, wo es in der Regel keine Differenz mehr gibt: in der Situation der Angst. Die Angst kettet mich ganz an die Angstsituation und an mich selbst. In der Angst ist keine Differenz mehr möglich. Und deshalb muss Gott zwischen mich und meine Angst treten. Und in dieser von Gott geschaffenen Differenz kann ich mich neu auf mich selbst beziehen.

---

[6] Vgl. dazu MARTIN LUTHER in: WA 56, 304, 25–29.

Ich mache jetzt einen großen Sprung und beziehe mich auf den zuletzt in Marburg lehrenden Praktischen Theologen Henning Luther, der m.E. diese theologische Figur der inkludierenden und nicht exkludierenden Differenz neu bedacht hat. Luther setzt sich damit von einem Verständnis der Religion ab, wie sie die Moderne entwickelt hat. Die Religion ist für Luther weder falsche Beruhigung, wie dies vor allem in der Spur von Karl Marx gesehen wird, noch ist sie Kontingenzbewältigung, wie dies vor allem der Philosoph Hermann Lübbe[7] entwickelt hat. Eine These, die auch im theologischen Kontext breit rezipiert wurde. Religion ist für Henning Luther – durchaus in der Traditionsspur, die ich versucht habe aufzuzeigen – radikale Entsicherung. Menschliches Leben ist keine geschlossene und schon gar keine abgeschlossene Identität, sondern das Leben ist immer Fragment. Ein Fragment aber ist offen nach allen Seiten hin:

> Wir sind immer zugleich auch gleichsam Ruinen unserer Vergangenheit, Fragmente zerbrochener Hoffnungen, verronnener Lebenswünsche, verworfener Möglichkeiten, vertaner und verspielter Chancen. Wir sind Ruinen aufgrund unseres Versagens und unserer Schuld ebenso wie aufgrund zugefügter Verletzungen und erlittener und widerfahrender Verluste und Niederlagen. Dies ist der *Schmerz* des Fragments. Andererseits ist jede erreichte Stufe unserer Ich-Entwicklung immer nur ein Fragment aus Zukunft. Das Fragment trägt den Keim der Zeit in sich. Sein Wesen ist *Sehnsucht*. Es ist auf Zukunft aus. In ihm herrscht Mangel, das Fehlen der ihn vollendenden Gestaltung. Die Differenz, die das Fragment von seiner möglichen Vollendung trennt, wirkt nicht nur negativ, sondern verweist positiv nach vorn.[8]

Ich beende hier meine Spurensuche in der christlichen Tradition. Ich bin mir bewusst, dass ich scharf gezeichnet habe. Braucht der Mensch Erlösung? – lautet das Thema ihrer Tagung. Darauf gibt mein Vortrag eine doppelte Antwort: Ja – der Mensch braucht offensichtlich Erlösung, wie der Sog der zwei großen politischen Ideologien des 20. Jahrhunderts mit ihren Erlösungsversprechen zeigt. Dies ist eine Antwort, die in den historischen Fakten ihre Begründung sieht. Und Ja – der Mensch braucht Erlösung, weil er sich sonst selbst verfehlt und anfällig wird für alle Angebote einer exkludierenden Identität. Das ist eine theologische Antwort, deren Spur ich bis in die Praktische Theologie unserer Tage hinein verfolgt habe.

IV.

In einem letzten Schritt möchte ich Ihnen nun eine theoretische Konzeptualisierung vorstellen, wie sie in der Praktischen Theologie, aber nicht nur dort,

---

[7] Vgl. dazu HERMANN LÜBBE, Religion nach der Aufklärung, München ³2004.
[8] HENNING LUTHER, Religion und Alltag. Bausteine zu einer Praktischen Theologie des Subjekts, Stuttgart 1992, 168f.

gegenwärtig erarbeitet wird. Es ist das Konzept der Vulnerabilität des Menschen. Es wurde ursprünglich in der Entwicklungs- und Risikoforschung erarbeitet und hat in den letzten Jahren eine weite Verbreitung in den Human- und Sozialwissenschaften gefunden.[9] Vulnerabilität fokussiert auf die Verletzlichkeit von uns Menschen, sieht in dieser Verletzlichkeit aber keinen Mangel, sondern die Chance, unser Leben human zu gestalten. Verletzlichkeit hat daher in diesen Konzepten sowohl eine analytische wie eine normative Funktion. Wir Menschen sind nicht nur verletzlich, sondern sollen verletzlich sein.

Es ist deutlich, dass dieses Konzept eine hohe Affinität zu den Grundannahmen christlicher Theologie hat. Die Bibel und insbesondre das neue Testament erzählen und reflektieren einen verletzlichen Gott, der seine Verletzlichkeit den verletzlichen Menschen zugutekommen lässt. Meine Basler Kollegin und Nachfolgerin Andrea Bieler hat diesen Gedanken zur Entwicklung einer Theologie der Seelsorge genutzt. Sie fasst den Grundgedanken ihres Ansatzes folgendermaßen zusammen: »Eine Seelsorge, die den Möglichkeitssinn des Lebens freizulegen versucht, versteht Gott als die Wirklichkeit des Möglichen, die im ›Eröffnen kreativer Lebensmöglichkeiten gegenwärtig ist und so zum verantwortlichen Gebrauch der Freiheit provoziert.‹ Als Geschöpf wird der Mensch zum Ort der Gegenwart Gottes. Er ist von Gott mit einer kreativen Passivität begabt, die auf den Exzess göttlicher Liebe und auf das Überfließen der Gnade bezogen ist.«[10]

Hier wird das Bild des Menschen gezeichnet, der sich nicht autonom aus sich selbst heraus zu konstituieren vermag, sondern in – so der hier gewählte Begriff – *kreativer Passivität* sich der erlösenden Gnade Gottes anvertraut. Der verletzliche Mensch ist konstitutiv der erlösungsbedürftige Mensch.

Diese Perspektive wird sich – so möchte ich abschließend sagen – nicht so einfach in eine human- oder sozialwissenschaftliche Perspektive übersetzen lassen. Erlösung ist ein genuin theologischer Begriff. Und ich bin grundsätzlich sehr zögerlich, theologische Begriffe allzu schnell und allzu leichtfüßig zu ›säkularisieren‹ und in nichttheologische Diskurse einzutragen. Theologische Begriffe und Theoreme, die qua Säkularisierung ihrem ursprünglichen Kontext entrissen wurden, tragen den Keim zum Totalitarismus in sich. Das theoretische Konzept der Vulnerabilität könnte jedoch eine Brücke sein, den hochtheologischen Begriff der Erlösung im Zusammenhang human- und sozialwissenschaftlicher Diskurse zumindest in seiner dort fremden Rationalität kenntlich zu machen.

---

[9] Vgl. dazu exemplarisch Daniel Burghardt, Nadine Dziabel, Thomas Höhne, Vulnerabilität. Pädagogische Herausforderungen, Stuttgart 2017; Andreas Kruse, Lebensphase und hohes Alter. Verletzlichkeit und Reife, Heidelberg 2017; Martin W. Schnell, Ethik im Zeichen vulnerabler Personen. Leiblichkeit – Endlichkeit – Nichtexklusivität, Weilerswist 2017.

[10] Andrea Bieler, Verletzliches Leben. Horizonte einer Theologie der Seelsorge, Göttingen 2017, S.15.

Erlösung durch Gentechnologien?

Überlegungen aus naturwissenschaftlicher und jüdischer Perspektive

Lilian Marx-Stölting

Abstract

Erlösung als Befreiung von allem Übel ist ein zentrales Anliegen vieler Religionen und spielt in Judentum und Christentum eine wichtige Rolle. Im Vortrag wird die Frage aufgeworfen, ob heute Wissenschaft und Technik die Aufgabe übernommen haben, die Menschheit zu erlösen. Am Beispiel verschiedener Gentechnologien wird zunächst reflektiert, ob diesen Erlösungspotential zugeschrieben werden kann. So verspricht etwa die sogenannte *grüne Gentechnologie*, also die Anwendung in der Landwirtschaft, die Lösung des Welthungerproblems. Bei der *roten Gentechnik*, also der Anwendung im Bereich der Medizin, wird die Freiheit von Krankheit und Schmerz in Aussicht gestellt. Die *synthetische Biologie* hingegen versucht neue Stoffwechselwege und Lebewesen zu erschaffen. Mit der Sicherung der Ernährung und der Befreiung von Krankheiten übernehmen die Gentechnologien somit Funktionen, die in der Bibel Gott zugeschrieben werden und der Inhalt vieler Gebete sind. Ist dies aber ein unerlaubtes »Gottspielen«? In der jüdischen Tradition kommt dem Menschen die Aufgabe der Verbesserung der Welt (*tikkun olam*) zu. Wissenschaft und Medizin sind legitime Mittel, diesem göttlichen Auftrag nachzukommen. Die kommende Welt (*olam haba*) wird im Reformjudentum als messianisches Zeitalter gedacht, in dem Frieden herrscht und die Menschen einander helfen. Die Vorstellungen über diese *kommende Welt* sind unterschiedlich in den verschiedenen Strömungen des Judentums, werden aber in der Regel als weltliches Ziel gedacht. Die Naturwissenschaften und somit auch die Gentechnologien sind dabei ein angemessener Weg, die Wunder der Welt zu bestaunen und mit dieser umzugehen. Sie sind ein richtiger Schritt in Richtung messianisches Zeitalter. Erlösung kommt dabei nicht von allein, sondern durch das Zutun des Menschen. Der Schabbat ist ein Tag des Vorgeschmacks auf die kommende Welt.

I. Beispiele für Gentechnologien und die damit verbundenen Hoffnungen

Gentechnologien sind mit großen Hoffnungen verbunden, die Bereiche betreffen, die traditionell Gott zugeschrieben werden. Diese betreffen etwa die Ernährungssicherung und die Heilung von Krankheiten. Einige Beispiele für Anwendungen der Gentechnik und die mit ihnen verbundenen Hoffnungen sollen hier kurz vorgestellt werden.[1]

a. »Grüne« Gentechnologien – Anwendungen in der Landwirtschaft

Die Anwendung der Gentechnologie in der Landwirtschaft wird auch als *grüne Gentechnologie* oder *Agrogentechnologie* bezeichnet. Sie gehört zu den umstrittensten Anwendungen der Gentechnologie und wird in Deutschland und Europa von einer Mehrheit der Bevölkerung abgelehnt. Befürworter der *grünen Gentechnologie* erhoffen sich von ihrer Anwendung einen wichtigen Beitrag zur Lösung des Welternährungsproblems. Ob dies tatsächlich gelingen kann, wird jedoch von KritikerInnen bezweifelt. Die Fronten sind seit Jahrzehnten verhärtet und dadurch gekennzeichnet, dass jede Seite der anderen unterstellt, unmoralisch zu handeln[2]. So werfen etwa in einer Petition mehr als 100 Nobelpreisträger den KritikerInnen ein »Verbrechen gegen die Menschheit«[3] vor, weil sie den Anbau von *goldenem Reis* verzögern oder verhindern.[4] Dabei handelt es sich um einen mit Vitamin A angereicherten Reis, der gelblich (»golden«) erscheint und der

---

[1] Für eine Übersicht über verschiedene Bereiche der Gentechnologie sowie zur Vertiefung bestimmter damit verbundener Themen sei auf die Publikationen der interdisziplinären Arbeitsgruppe Gentechnologiebericht verwiesen, kostenlos abrufbar unter www.gentechnologiebericht.de [24.2.2019].
[2] Vgl. JULIA DIEKÄMPER ET AL., Alles im grünen Bereich? Wissenschaftskommunikation im Zeitalter von grüner Gentechnologie und Genome-Editing, in: FERDINAND HUCHO ET AL. (HG.), Vierter Gentechnologiebericht. Bilanzierung einer Hochtechnologie. Nomos, Baden-Baden 2018, 173-198. Vgl. auch ALBRECHT, STEFFEN ET AL., Grüne Gentechnik und Genome Editing. Erfordernisse einer Neuausrichtung der Wissenschaftskommunikation, in: TATuP 26(3), 2017, 64-69. DOI: 10.14512/tatup.26.3.64.
[3] ANONYMUS (2016): Laureates Letter Supporting Precision Agriculture (GMOs). Online verfügbar unter http://supportprecisionagriculture.org/nobel-laureate-gmo-letter_rjr.html (zuletzt aktualisiert am 29.06.2016, zuletzt geprüft am 7.4.2019).
[4] RALF NESTLER (2016): Nobelpreisträger fordern Greenpeace zum Umdenken auf. In: Der Tagesspiegel Online vom 05.07.2016, www.tagesspiegel.de/wissen/gruene-gentechnik-nobelpreistraeger-fordern-greenpeace-zum-umdenken-auf/13809758.html, zuletzt geprüft am 04.10.2017.

durch Vitamin-A-Mangel bedingte Erblindung und Todesfälle von Kindern verhindern soll.[5] Gleichzeitig ziehen kritische Nichtregierungsorganisationen (NGOs) symbolisch vor ein internationales Strafgericht, um die mit Gentechnik handelnde Firma Monsanto wegen einer Verletzung von Menschenrechten zu verurteilen.[6] Zu den Versprechen der *grünen Gentechnologie* gehören seit langem Eigenschaften wie Trockentoleranz oder verbesserte Inhaltsstoffe. Schaut man sich den weltweiten Anbau an, so werden aber immer noch überwiegend herbizidtolerante und insektenresistente Pflanzen angebaut.[7] Herbizidtolerante Pflanzen wurden so verändert, dass sie ein bestimmtes Herbizid, also ein Mittel, welches unveränderte Pflanzen abtötet, tolerieren. Wird nun das Feld mit diesem Mitteln behandelt, so überleben nur die resistenten Pflanzen. Die so veränderten Pflanzen werden zusammen mit dem zu ihnen passenden Herbizid vermarktet.

Insektenresistenz bedeutet, dass ein Insektengift (etwa ein BT-Toxin aus dem Bakterium Bacillus thuringiensis) ins Genom der Pflanze integriert wurde, sodass diese das Gift enthält und somit vor Insekten, die die Pflanze fressen wollen, geschützt sind.

Ob mit den neuen Verfahren des *Genome Editings* nun auch ganz andere Veränderungen möglich werden, bleibt abzuwarten. In den USA sind etwa Pilze zugelassen worden, denen ein bestimmtes Enzym fehlt, sodass sie nicht braun werden und länger gelagert werden können. Dort müssen bestimmte Anwendungen des *Genome Editings* nicht als gentechnisch verändert gekennzeichnet werden. Für Europa hat der Europäische Gerichtshof (EuGh) jedoch entschieden, dass auch die neuen Methoden als Gentechnik einzustufen und zu regulieren sind.[8] Wellen geschlagen hatten auch Spekulationen darüber, ob die neuen Methoden sogar mit dem Biolandbau vereinbar sein könnten.[9]

---

[5] Vgl. etwa INGO POTRYKUS (2012): Golden Rice: Lehren aus einem humanitären GVO-Projekt, in: Bayerische Akademie der Wissenschaften (Hg.): Rundgespräch am 4. Juli 2011 in München, Reihe: Rundgespräche der Kommission für Ökologie Band 40. Pfeil, 81-88 oder https://www.transgen.de/forschung/428.goldener-reis-vitamin-augenerkrankungen.html [24.02.2019].

[6] JULIA DIEKÄMPER ET AL. (s. Anm. 2) 173-198. http://www.monsantotribunal.org [24.02.2019].

[7] https://www.isaaa.org/ [24.02.2019].

[8] https://curia.europa.eu/jcms/upload/docs/application/pdf/2018-07/cp180111de.pdf [24.02.2019].

[9] JOST MAURIN, URS NIGGLI (2016): Ökoforscher über neue Gentech-Methode: »CRISPR hat großes Potenzial«, in: Die Tageszeitung vom 06.04.2016, 3.

b. »Rote« Gentechnologien – Anwendungen im Bereich der Medizin

Medizinische Anwendungen werden auch unter dem Begriff *rote Gentechnologie* zusammengefasst. Leitidee ist hier die Beseitigung von Krankheiten und die Bekämpfung von Leid. Beispiele für Anwendungen im medizinischen Bereich sind etwa die genetische Diagnostik zur Diagnose von Erbkrankheiten oder Genomveränderungen an geborenen Patienten oder zur Pharmakogenetik (also zur Nutzung genetischer Daten für die Optimierung von Therapien)[10], die vorgeburtliche genetische Diagnostik (Pränataldiagnostik) oder die Präimplantationsdiagnostik (vorgeburtliche genetische Diagnostik nach einer Befruchtung im Reagenzglas, vor der Übertragung in den Uterus der Mutter). Außerdem gehört die Stammzellforschung dazu (also die Forschung mit embryonalen oder adulten Stammzellen oder sogenannten ipS-Zellen[11]) und die Erforschung von Organoiden. Dabei handelt es sich um kleine, dreidimensionale Zellgebilde, die patientenspezifisch hergestellt werden können und etwa für Medikamententests vor Verabreichung an Patienten genutzt werden können.[12] Ein sehr wichtiger Bereich der *roten Gentechnologie* ist auch die Gentherapie[13]. Dabei werden entweder defekte Gene ersetzt

---

[10] Vgl. dazu LILIAN MARX-STÖLTING, Pharmakogenetik und Pharmakogentests. Biologische, wissenschaftstheoretische und ethische Aspekte des Umgangs mit genetischer Variation, Münster 2007 sowie HANNS-GEORG KLEIN/EKKEHARD HAEN (HG.), Pharmakogenetik und Therapeutisches Drug Monitoring: Diagnostische Bausteine für die individualisierte Therapie, Berlin 2017.

[11] Stammzellen lassen sich nach Herkunft und Differenzierungspotenzial in verschiedene Kategorien einteilen. Adulte oder gewebsspezifische Stammzellen sind bereits auf bestimmte Zelltypen festgelegt, während embryonale, aus Embryonen gewonnene Stammzellen ein sehr großes Differenzierungspotenzial haben und bei Zugabe entsprechender Wachstumsfaktoren, sämtliche Zelltypen eines Organismus bilden können. Durch Reprogrammierung adulter, also bereits differenzierter Zellen (etwa Hautzellen), lassen sich Stammzellen gewinnen, die in ihren Eigenschaften embryonalen Stammzellen ähneln. Diese nennt man »induzierte pluripotente Stammzellen« oder kurz »hiPS-Zellen«. Für eine Einführung in die Stammzellforschung sowie zum aktuellen Stand der Forschung siehe MARTIN ZENKE ET AL. (HG.), Stammzellforschung. Aktuelle wissenschaftliche und gesellschaftliche Entwicklungen, Baden-Baden 2018.

[12] SINA BARTFELD, HANS CLEVERS, Stem cell-derived organoides and their application for medical research and patient treatment. Journal of Molecular Medicine (95/7), 2017, 729-738. SINA BARTFELD, HANS CLEVERS, Aus Stammzellen abgeleitete Organoide und ihre Bedeutung für die biomedizinische Forschung und Therapie, in: MARTIN ZENKE ET AL. (HG.), s. Anm. 11, 90-96.

[13] Vgl. für eine Einführung und Übersicht dazu BORIS FEHSE, SILKE DOMASCH (HG.), Gentherapie in Deutschland. Eine interdisziplinäre Bestandsaufnahme, Berlin 2011. BORIS FEHSE, Themenbereich somatische Gentherapie: Translationale und klinische Forschung, in: BERND MÜLLER-RÖBER ET AL. (HG.), Dritter Gentechnologiebericht. Analyse einer Hoch-

oder zusätzliche therapeutische Gene eingesetzt. Dies kann *in vivo*, also direkt im Menschen, aber auch *in vitro* passieren, also an Zellen außerhalb des Körpers. Bei der Gentherapie unterscheidet man auch die somatische Gentherapie von der Keimbahntherapie. Somatische Gentherapie wird an Körperzellen (Soma-Zellen) durchgeführt und führt zu genetischen Änderungen, die nicht an die nächste Generation vererbt werden. Bei der Keimbahntherapie werden hingegen die Keimzellen verändert, wodurch die Vererbung der geänderten Eigenschaften auf folgende Generationen ermöglicht wird. Außerdem wird bei der Gentherapie die Therapie von Erkrankungen mittels Gentherapie von der über eine Therapie hinausgehende Verbesserung von Eigenschaften, dem Enhancement, abgegrenzt.[14]

c. Synthetische Biologie

Von *synthetischer Biologie*[15] spricht man, wenn Organismen künstlich hergestellt (synthetisiert) werden, die es so in der Natur nicht gibt. Es gibt dabei zwei Ansätze: *top down* und *bottom up*. *Top down*-Ansätze gehen von existierenden Organismen aus und versuchen, diese durch Elimination nicht essenzieller Stoffwechselwege zu Minimalorganismen umzubauen, die dann als »Chassis« (also als eine Art Fahrgestell) dienen können, um neue Eigenschaften zu tragen. *Bottom up*-Ansätze gehen hingegen von so genannten *Biobricks* aus, also Bausteinen, aus denen dann neuen Organismen mit neuen Eigenschaften zusammengesetzt werden können. Jedes Jahr findet in den USA in Boston ein großes Wissenschaftsfestival mit einem Wettbewerb statt (IGEM), bei dem Teams von Studierenden aus aller Welt neue Erfindungen präsentieren können.[16] Beispiele für *synthetische Biologie* sind auch Organismen, die alternative DNA in ihren Zellen tragen, die in der Natur nicht vorkommt und die somit eine Art »genetische Firewall« besitzen, sich also mit natürlichen Organismen nicht fortpflanzen können, oder Organismen, die andere Stoffwechselprodukte benötigen, die in der Natur nicht vorkommen und die so außerhalb eines Labors nicht lebensfähig sind. Derartige Organismen

---

technologie, 2015. BORIS FEHSE, »Rote Gentechnologie« - nachhaltiges Comeback der Gentherapie?, in: FERDINAND HUCHO ET AL. (HG.), Vierter Gentechnologiebericht, Baden-Baden 2018, 210-214.

[14] Vgl. zum Enhancement etwa ROLAND KIPPKE, Das Was bedenke, mehr bedenke Wie. Zur Ethik menschlicher Selbstgestaltung, in: BERND WEIDMANN, THOMAS VON WOEDTKE (HG.), Das menschliche Maß. Orientierungsversuche im biotechnologischen Zeitalter, Leipzig 2018, 177-210. Siehe auch CHRISTIAN LENK, Gentransfer zwischen Therapie und Enhancement, in: BORIS FEHSE, SILKE DOMASCH (HG.), Gentherapie in Deutschland eine interdisziplinäre Bestandsaufnahme, Dornburg 2011, 209-226.

[15] Vgl. für mehr Informationen zur synthetischen Biologie KRISTIAN KÖCHY/ANJA HÜMPEL (HG.), Synthetische Biologie. Entwicklung einer neuen Ingenieurbiologie?, Dornburg 2013.

[16] https://igem.org/Main_Page[24.2.2019].

könnten zur Herstellung von Biokraftstoffen oder neuartigen Biomaterialien genutzt werden.

d. Das neue »Genome Editing«
Beim neuen *Genome Editing* handelt es sich um neue gentechnische Methoden, die derzeit die Biologie revolutionieren. Dabei werden sogenannte »Gen-Scheren« eingesetzt, mit deren Hilfe DNA geschnitten und wieder zusammengesetzt werden kann, wobei Veränderungen eingebaut werden können. Die neuen Methoden, besonders CRISPR-Cas9[17], sind in fast allen Bereichen einsetzbar, in denen mit DNA umgegangen wird, also bei Mikroorganismen ebenso wie bei Pflanzen, Tieren und Menschen. Die neuen Methoden sind billiger, präziser, einfacher und schneller als bisherige Methoden, wodurch die Anwendungen deutlich beschleunigt werden. Versuche, die vor kurzem noch mehrere Jahre dauerten, können nun in wenigen Wochen durchgeführt werden.[18] Die Entwicklung macht auch vor dem

---

[17] »CRISPR« steht für »Clustered Regularly Interspaced Short Palindromic Repeats«. Dabei handelt es sich um sich wiederholende palindromische Abschnitte der DNA im Erbgut vieler Bakterien und Archaeen. »Cas« steht für »Crispr-associated« und bezeichnet eine Familie von Proteinen, welche unter bestimmten Umständen die DNA gezielt binden und schneiden können. Cas9 ist ein bestimmtes Protein dieser Familie. CRISPR/Cas9 bezeichnet eine Methode, mit der Cas9 mittels zugefügter RNA so programmiert werden kann, dass DNA Sequenzen gezielt erkannt und geschnitten wird (MARTIN JINEK ET AL., A programmable dual-RNA-guided DNA endonuclease in adaptive bacterial immunity, in: Science. 2012 Aug 17; 337 (6096), 816-21. doi: 10.1126/science.1225829. Epub 2012 Jun 28.). Zelleigene Reparatursysteme fügen die DNA-Enden dann wieder zusammen, wobei Fehler entstehen können, wodurch die DNA verändert wird. Inzwischen gibt es verschiedene Weiterentwicklungen der Methode mit anderen ähnlichen Proteinen. Für mehr allgemeinverständliche Informationen siehe https://www.mpg.de/11018867/crispr-cas9 [27.2.2019].
[18] Auf Einschränkungen und Unsicherheiten der Methoden kann im Rahmen dieses Artikels nicht eingegangen werden. Zu unerwünschten Nebenwirkungen wie so genannten »Off-Target-Effekten« siehe etwa FRANCISCO MARTIN, ET AL., Biased and Unbiased Methods for the Detection of Off-Target Cleavage by CRISPR/Cas9. An Overview, in: Int J Mol Sci. 2016 Sep 8;17(9), 1507-1516. Zur Ethik der Keimbahntherapie siehe etwa JENS REICH, ET AL., Genomchirurgie beim Menschen. Zur verantwortlichen Bewertung einer neuen Technologie. Berlin: Berlin-Brandenburgische Akademie der Wissenschaften, 2015. ULLA BONAS ET AL., Ethische und rechtliche Beurteilung des Genome Editing in der Forschung an humanen Zellen. Halle: Leopoldina – Nationale Akademie der Wissenschaften, 2017.

Menschen nicht halt. Es ist möglich, auch an menschlichen Embryonen zu forschen, was auch eine Keimbahntherapien beim Menschen möglich macht.[19] Zahlreiche Tagungen auf nationaler und internationaler Ebene machten dies bereits zu ihrem Thema. Es gab eine 2015 angeregte internationale Debatte über ein Moratorium, also einen zeitlich befristeten Forschungsstopp für derartige Experimente.[20] Bisher war jedoch international keine Einigung auf ein solches möglich.[21] In China wurden bereits angeblich zwei Mädchen mit der Methode resistent gegen HIV gemacht, was weltweit Empörung auslöste.[22] Die Empörung bezog sich aber besonders auf die Art und Weise und die Begleitumstände, unter denen die Veränderungen durchgeführt wurden, sowie auf den Zeitpunkt. Es besteht internationaler Konsens, dass es für Keimbahntherapien noch zu früh ist. Auf einer internationalen Tagung in Hong Kong wurde jedoch beschlossen, dass es Zeit ist über die Bedingungen nachzudenken, unter denen ein solcher Eingriff gerechtfertigt werden könnte.[23] Die Veränderung der menschlichen Natur rückt so mit den neuen Methoden in greifbare Nähe.

Diese kurzen Einblicke in verschiedene Bereiche der Gentechnologie sollen demonstrieren, wie das Schicksal durch diese Technologien selbst in die Hand genommen wird. Dabei muss betont werden, dass jeder der vorgestellten Anwendungsbereiche mit einer Debatte über die ethische Vertretbarkeit begleitet wird, deren Darstellung den Rahmen dieses Artikels sprengen würde.[24] Außerdem werden bislang die hohen Erwartungen auch nur teilweise oder gar nicht erfüllt. Trotz deutlicher Verbesserungen in einigen Bereichen sind wir von einer Welt ohne Hunger und Krankheiten weit entfernt. Eine Erlösung durch Gentechnologien alleine ist aufgrund der Komplexität der adressierten Probleme nicht möglich und lässt in jedem Fall noch auf sich warten.

---

[19] JENS REICH ET AL., Genomchirurgie beim Menschen – zur Verantwortlichen Bewertung einer neuen Technologie. Analyse der Interdisziplinären Arbeitsgruppe Gentechnologiebericht. Berlin-Brandenburgische Akademie der Wissenschaften 2015.

[20] Vgl. z.B. DAVID BALTIMORE ET AL., A prudent path forward for genomic engineering and germline gene modification, in: Science 348 (6230), 2015, 36-38. EDWARD LANPHIER ET AL. (2015). Don't edit the human germline, in: Nature 519 (7544), 2015, 410-411.

[21] NASEM – National Academies of Sciences, Engineering, and Medicine (2015), International Summit on Human Gene Editing, A Global Discussion. Washington DC, 2015, The National Academies Press. DOI:10.17226/21913. NASEM, Human Genome Editing: Science, Ethics, and Governance. Washington DC, 2017: The National Academies Press. DOI: 10.17226/24623. Vgl. Hierzu auch einen Aufruf in der Zeitschrift Nature zu einem freiwilligen Moratorium: https://www.nature.com/articles/d41586-019-00726 [28.03.2019].

[22] https://www.nature.com/articles/d41586-019-00673-1[28.03.2019].

[23] http://www.nationalacademies.org/gene-editing/2nd_summit/index.htm[14.3.2019].

[24] Vgl. für kritische Stimmen dazu: www.gen-ethisches-Netzwerk.de, www.greenpeace.de. Eher positiv berichtet etwa: www.transgen.de [zuletzt 7.4.2019].

2. Jüdische Perspektiven auf Gentechnologien[25]

Es gibt eine Vielzahl verschiedener Möglichkeiten, was als jüdische Bioethik gelten kann.[26] Dazu gehört die Nutzung bestimmter Quellen wie etwa die mündliche und schriftliche Torah[27] oder auch bestimmte Methoden wie die Diskussion

---

[25] Jüdische Perspektiven auf Gentechnologien wurden von der Autorin dieses Artikels bereits publiziert in LILIAN MARX-STÖLTING, Menschen als »Mitschöpfer«? Jüdische Perspektiven auf Fragen der Selbstoptimierung, in: BERND WEIDMANN, THOMAS VON WOEDTKE (HG.), Das menschliche Maß. Orientierungsversuche im biotechnologischen Zeitalter. Leipzig 2018, 83-108; LILIAN MARX-STÖLTING (2015): Genetic Engineering, in: Ethik im Judentum, 2015, 87-110; LILIAN MARX-STÖLTING, Jüdische Perspektiven auf bioethische Fragestellungen und ihre Rolle in bioethischen Diskursen in Deutschland, in: FRIEDEMANN VOIGT (HG.), Religion in bioethischen Diskursen, Berlin/New York 2010, 267-292. LILIAN MARX-STÖLTING, Ethik in der Klinikseelsorge. Überlegungen aus jüdischer Perspektive, in: HILLE HAKER, KATRIN BENTELE, WALTER MOCZYNSKI, GWENDOLIN WANDERER (HG.), Perspektiven der Medizinethik in der Klinikseelsorge, Berlin 2009, 79-104. LILIAN MARX-STÖLTING, Perspektiven jüdischer Klinikseelsorge und ihre Implikationen für den Klinikkontext und für die Entwicklung einer interreligiösen kultursensitiven Klinikseelsorge-Ethik, in: HILLE HAKER, KATRIN BENTELE, GWENDOLIN WANDERER (HG.), Religiöser Pluralismus in der Klinikseelsorge. Theoretische Grundlagen, interreligiöse Perspektiven, Praxisreflexionen, Berlin 2014, 109-122.

[26] Vgl. zur jüdischen Bioethik auch: YVES NORDMANN, MICHEL BIRNBAUM (2003): Die aktuelle Biomedizin aus der Sicht des Judentums, in: SILKE SCHICKTANZ ET AL (HG.), Kulturelle Aspekte der Biomedizin. Bioethik, Religionen und Alltagsperspektiven, Frankfurt am Main (u.a.) 2003, 84-106 sowie ABRAHAM STEINBERG (HG.), Encyclopedia of Jewish medical ethics: a compilation of Jewish medical law on all topics of medical interest, Jerusalem/New York 2003, 509-520. Vgl. auch LILIAN MARX-STÖLTING, Menschen als »Mitschöpfer« (s. Anm. 25). Jüdische Bioethik ist demnach ein Sammelbegriff für eine Vielzahl verschiedener Ansätze, insbesondere aber der Auslegung der jüdischen Gesetzeslehre (Halacha). Aber auch die Forschungspolitik in Israel oder Einstellungen der israelischen Bevölkerung werden untersucht (siehe etwa AVIAD RAZ, SILKE SCHICKTANZ, Comparative Empirical Bioethics: Dilemmas of Genetic Testing and Euthanasia in Israel and Germany, Springer Nature, Switzerland, 2016; sowie HAGAI BOAS, YAEL HASHILONI-DOLEV, NADAV DAVIDOVITCH, SHAI LAVI (HG.), Bioethics and Biopolitics in Israel. Socio-Legal, Political and Empirical Analyses. Cambridge University Press, 2018. SHAI LAVI, The Paradox of Jewish Bioethics in Israel. The Case of Reproductive Technologies, in: FRIEDEMANN VOIGT (HG.), s. Anm. 25, 81-201. Auch jüdische Philosophen können für die Diskussion um die Bioethik fruchtbar gemacht werden.

[27] Die schriftliche Torah umfasst die 5 Bücher Mose, die Prophetenbücher und biblische Schriften. Die mündliche Torah umfasst die Mischna, also die ehemals mündliche Lehre, die ca. 200 nach der christlichen Zeitrechnung niedergeschrieben wurde (vgl. DIETRICH CORRENS, Die Mischna, Wiesbaden 2005) und den Talmud, bestehend aus der Mischna und

von Präzedenzfällen aus der Torah, die Ableitung von Prinzipien, der Umgang mit Autoritäten sowie die Vermittlung jüdischer Werte. Dabei gibt es sowohl spezifisch jüdische Fragen (wie etwa die Frage, ob ein Transplantat aus dem Schwein koscher sein kann) sowie Jüdische Antworten auf allgemeine Fragen: Stellungnahmen (z.B. Status des Embryos). Besonders prominent ist die Auslegung der Halacha[28], der jüdischen Gesetzeslehre für den Kontext der Bioethik.

a. Medizin, Forschung und Halacha

Die Medizin genießt im Judentum ein sehr hohes Ansehen. Dies ist begründet in der Heiligkeit des Lebens. Die Rettung von Leben (*pikuach nefesh*) ist eine Mitzvah, eine religiöse Verpflichtung und gute Tat. Im Akt der Heilung ahmt der Mensch Gott nach. Nicht eingreifen wird dabei gleichgesetzt mit Blut vergießen.[29]

Kommentaren dazu. Den Talmud gibt es in einer palästinensischen Version (400 n.d.Z.) und einer babylonischen Version (500 n.d.Z.), wobei der babylonische Talmud den größeren Einfluss erlangt hat. Zusätzlich gibt es verschiedene Kodifizierungen der Gesetze, etwa die Mishne Torah von MAIMONIDES (11. Jahrhundert) und der Schulchan Aruch des JOSPEH KARO (16. Jahrhundert). Außerdem werden Entscheidungen zur Halacha in Responsen ausbuchstabiert, also in Form von konkreten Entscheidungen zur Umsetzung der Halacha im Alltag. In den verschiedenen jüdischen Strömungen der Gegenwart unterscheiden sich die Vorstellungen davon, wie die schriftliche und mündliche Torah den Menschen gegeben bzw. von Menschen niedergeschrieben wurden. Auch die Auslegung und der Stellenwert der Halacha sowie die Rolle von halachischen Autoritäten unterscheiden sich. Zu den verschiedenen Strömungen im Judentum siehe etwa: http://www.Israe logie.de/2016/grundstroemungen-im-judentum/[11.4.2018] oder zum liberalen Judentum http://a-r-k.de/stroemungen/[11.4.2018]. Zur progressiven Halacha siehe etwa JONATHAN ROMAIN, WALTER HOMOLKA, Progressives Judentum. Leben und Lehre, München 1999.

[28] Vgl. zur Halacha auch OLIVER LEAMAN, Judaism, in: JEFFREY R. CHADWICK (HG.), Encyclopedia of applied ethics (vol. 3), San Diego 1998 sowie DAVID BOLLAG, Das jüdische Religionsgesetz, in: PETER HURWITZ, AVRAHAM STEINBERG (HG.), Jüdische Ethik und Sterbehilfe, Basel 2006, 19-35. Zur jüdischen Bioethik siehe auch die Zusammenfassungen von SARAH WERREN, Bioethik und Judentum, Bundeszentrale für politische Bildung, 2014 unter: http:// www.bpb.de/gesellschaft/umwelt/bioethik/197720/bioethik-und-judentum (11.4.2018) und YVES NORDMANN/MICHEL BIRNBAUM, Die aktuelle Biomedizin aus der Sicht des Judentums, in: SILKE SCHICKTANZ ET AL. (HG.), Kulturelle Aspekte der Biomedizin. Bioethik, Religionen und Alltagsperspektiven. Frankfurt am Main 2003, 84-106. Zum Thema Genetik und Judentum siehe auch ELLIOTT DORFF/LAURIE ZOLOTH (HG.), Jews and Genes. The Genetic Future in Contemporary Jewish Thought. University of Nebraska Press/Jewish Publication Society, Lincoln/Philadelphia 2015.

[29] Vgl. SCHULCHAN ARUCH/JORE DEA 336:1.; vgl. auch: »Stehe nicht still beim Blute deines Nächsten« (3. BM 19:16) sowie »[...] jeder, der ein Leben rettet, wird so betrachtet, als ob er eine ganze Welt gerettet hätte.« (Jerusalemer Talmud, Sanhedrin 4:9); »Ganz Israel ist verpflichtet, Leben zu retten« (MAIMONIDES, Mischne Torah, Hilchot Rozeach Uschmirat

Kranke zu pflegen ist auch ein Gebot der Gerechtigkeit.[30] Auch die medizinische Forschung wird hoch angesehen, da sie als Teil der Medizin gesehen wird und die große Wertschätzung dieser auf sie übertragen wird. Die Verbesserung/ Reparatur der Welt (*tikkun olam*) ist eine Aufgabe und Mitzvah des Menschen. Die Kreativität wurde ihm gegeben, um sie hierfür einzusetzen.[31]

b. Tikkun Olam

Die Verbesserung und Heilung der Welt ist eine Aufgabe des Menschen, weil Gott die Schöpfung unfertig ließ mit der Erwartung, dass der Mensch sie vervollständigen soll.[32] Menschen sind Partner Gottes bei der Reparatur und Verbesserung der Welt. Jeder Mensch trägt dazu bei durch Gerechtigkeit (*tzedakah*) und gute Werke (*g'milut hasadim*). Menschen sind kreative »Mit-Schöpfende«, auch durch Technik und Wissenschaft. »Es ist dem Menschen verboten, nur ein passiver Beobachter des Universums und seiner Probleme zu sein«[33]. »Die moderne Wissenschaft ermöglicht uns, das Wunder der Schöpfung zu bestaunen«[34]. Schmerz ist nicht erlösend oder mit tieferem Sinn aufgeladen, sondern sollte möglichst vermieden werden.[35]

Tikkun olam kann auf verschiedene Weise geschehen. Ein Weg ist durch die Medizin, durch die Heilung von Krankheiten und Unfruchtbarkeit.[36] Vielleicht

---

Hanefesh 1:6). »Ich bin der Ewige, Dein Heiler.« (2.BM 15:26). »Daß er [der Mensch] lebe durch sie [die Gebote].« (Wechai Bahem, 3. BM 18:5.). Zitiert nach LILIAN MARX-STÖLTING, Genetic Engineering, in: Zentralrat/Gemeindebund: Ethik im Judentum, 2015, 89.

[30] Vgl. auch STEPHAN PROBST (HG.), Bikkur Cholim. Die Begleitung Kranker und Sterbender im Judentum, Berlin 2017.

[31] Vgl. zum Umgang mit Natur im Judentum AVICHAI APEL, Der Umgang mit der Natur im Judentum, in: Zentralrat/Gemeindebund: Ethik im Judentum, 2015, 37-53.

[32] ELLIOTT N. DORFF, To Fix the World: Jewish Convictions Affecting Social Issues, in: ELLIOTT N. DORFF/LAURI ZOLOTH (HG.), Jews and Genes. The Genetic Future in Contemporary Jewish Thought. University of Nebraska Press/Jewish Publication Society, Lincoln/ Philadelphia 2015, 403-420. Zu Taten des Menschen in Nachahmung Gottes, wobei Gottes Handeln als Vorbild für menschliches Handeln dient, siehe FRIEDRICH AVEMARIE, Tora und Leben, Tübingen 1996, 226.

[33] JOSEPH B. SOLOVEICHIK zitiert in SHIMON GLICK (2015), Some Jewish Thoughts on Genetic Enhancement, in: DORFF/ZOLOTH, s. Anm. 32, 243-256; Zitat: 249.

[34] YOSEF LEIBOWITZ, Like Water. Using Genesis to Formulate an Alternative Jewish Position on the Beginning of Life, in: DORFF/ZOLOTH (s. Anm. 32), 68-79. Zitat: 73.

[35] DORFF/ZOLOTH (s. Anm. 32), 415 und 403-420. Allerdings kann das Leiden auch positive Nebeneffekte haben: »Leiden gehören nach den Worten der Weisen zu der Schule, in welcher und durch welche Gott Geist und Gemüt für die Erkenntnis und Erfüllung seiner Lehre erzieht« (SAMSON RAPHAEL HIRSCH, Sprüche der Väter, Basel 1994, 111.).

[36] Die positive Sicht auf Fortpflanzungstechniken kann auch mit der Annahme einer abgestuften Schutzwürdigkeit des Menschlichen Embryos zusammenhängen (Vgl. hierzu

auch durch die genetische Verbesserung menschlicher Natur. Da dabei keine Schöpfung »aus dem Nichts« stattfindet, sondern lediglich die Nutzung, Erkenntnis oder Weiterentwicklung natürlicher Prozesse, entsteht dabei aus halachischer Sicht kein Schaden für den Glauben an Gott und es stellt auch kein unerlaubtes »Gott spielen« dar. Forschung ist nicht nur erlaubt, sondern geboten.

Selbst das neue *Gene Editing* könnte aus dieser Perspektive unterstützt werden, sogar zur genetischen Veränderungen in Keimzellen (Keimbahntherapie), vorausgesetzt es wäre technisch sicher machbar und würde nur für medizinische Gründe eingesetzt.[37] Es könnte eine wünschenswerte Aktivität darstellen, bei der Menschen als Partner Gottes in den Schöpfungsprozess eingreifen.[38] Dabei könnten die Eltern als beste Vertreter des Kindswohles gesehen und in diesen Prozess einbezogen werden.[39]

c. Zwischenfazit

Der naturwissenschaftliche Weg gilt im Judentum als ein Weg, die Wunder der Welt zu bestaunen und angemessen damit umzugehen. Somit könnte die Gentechnologie, wenn sie ihre Versprechen einlösen kann, als ein richtiger Schritt in Richtung messianisches Zeitalter gesehen werden. Allerdings besteht dabei das

---

JULIAN CHAIM SOUSSAN, Abtreibung, in: Zentralrat der Juden in Deutschland/ Schweizerischer Israelitischer Gemeindebund (Hg.), Ethik im Judentum, Berlin 2015, 71-85. Für Talmudzitate zum Status des Embryos siehe auch MARX-STÖLTING (s. Anm. 25), Menschen als »Mitschöpfer«? Dort erfolgt auch eine Diskussion von Stammzellforschung, Klonen, Präimplantationsdiagnostik (PID), Keimbahntherapie und dem neuen Genome Editing.

[37] Vgl. zu genetischem Enhancement AARON MACKLER, Genetic Enhancement and the Image of God, in: DORFF/ZOLOTH (s. Anm. 32), 274-284; RONALD M. GREEN, Curing Disease and Enhancing Traits: A Philosophical (and Jewish) Perspective, in: DORFF/ZOLOTH (s. Anm. 32), 257-273; JEFFREY H. BURACK, Jewish Reflections on Genetic Enhancement, in: DORFF/ ZOLOTH (s. Anm. 32), 310-341. Siehe auch EPHRAT LEVY-LAHAD, Human embryo genome editing: Regulation in Israel and ethical perspectives. Abstract, in: JÖRG HACKER (HG.), Nova Acta Leopoldina Nr. 418: Genome Editing – Challenges for the Future. Program and Abstracts of the Contributions of the Annual Meeting 22 and 23 September 2017 in Halle (Saale), 20-21, siehe: https://www.leopoldina.org/fileadmin/ redaktion/ Veranstaltungen/ Jahresversammlung/Leo_Kurzfassung_Programm_Jahrestagung_2017_en_h.pdf[11.4.20 18].

[38] MOSHE TENDLER/JOHN LOIKE, Tampering with the Genetic Code of Life. Comparing Secular and Halakhic Ethical Concerns. Hakirah, the Flatbush Journal of Jewish Law and Thought 18/2014, 41-58. Zu Gentests und Judentum siehe auch: PAUL ROOT WOLPE (2015): Genetic Testing in the Jewish Community, in: DORFF/ZOLOTH (s. Anm. 32), 201-214.

[39] Interessanterweise wird Sterbehilfe als Erlösung vom Leid hingegen halachisch sehr kritisch gesehen. Hier ist auch die Gesetzeslage in Israel strenger als in Deutschland, anders als bei der Fortpflanzungsmedizin, wo Israel liberaler ist. Vgl. AVIAD RAZ, SILKE SCHICKTANZ (s. Anm. 26).

Problem, dass es nicht nur die Utopien einer Welt ohne Hunger und Krankheit gibt, sondern auch Dystopien des Missbrauches der Gentechnologien, die zu einer Verschlechterung der Welt führen könnten, etwa durch die Entstehung herbizidresistenter Superunkräuter etc. Selbst wenn grundsätzlich die Erforschung der Gentechnologien positiv gesehen wird, ist eine Einzelfallbewertung konkreter Anwendungen nötig.

3. Erlösung im Judentum: Warten auf den Messias?

a. Der Messias

Erlösung ist im Judentum nicht das zentrale Kernthema, obwohl es Strömungen gibt, die sich damit befassen und das Thema in verschiedenen Gebeten und von jüdischen Gelehrten immer wieder aufgegriffen wird.[40] Der Messias bringt Frieden, vereint die Menschen, baut den Tempel wieder auf.[41] Er ist aus jüdischer

---

[40] Vgl. zum Messias PNINA NAVÉ LEVINSON, Einführung in die Rabbinische Theologie, Darmstadt 1993: »Der 12. Glaubenssatz des Maimonides lautet: ›Ich glaube mit vollkommenem Glauben an das Kommen des Maschiach, und obwohl er sich verzögert, warte ich dennoch täglich auf ihn, daß er kommt.‹ Diese Hoffnung war das Licht der Märtyrer im Mittelalter und in unserer Gegenwart. Es ist auch die Hoffnung der Überlebenden, die den Glauben an das Gute weitertragen, trotz aller schlimmen Erfahrungen. Zur gebeteten Theologie tritt die erzählende in vielfältigen Formen. Als Vorläufer und Künder des Messias ist der Prophet Elia wichtig, der nie gestorben war, sondern lebendig in den Himmel auffuhr (2 Kön 2, 12). Elia erscheint suchenden, fragenden oder ratlosen Juden in vielen Situationen. Im 3. Jh. spielt im Land Israel folgendes. Ein Rabbi traf den Elia und fragte ihn: Wann wir der Messias kommen? Er sagte: Gehe zu ihm und frage ihn selbst. Er sitzt bei den Bettlern in den Toren Roms. Du erkennst ihn daran, daß er nicht wie die andern seine Wunden auf einmal neu verbindet, sondern eine nach der anderen, falls er gerufen wird. Der Rabbi ging hin und fragte ihn: Wann wir der Meister kommen? Er sagte: Heute. Der Rabbi kehrte zu Elia zurück und sagte: Er hat falsch zu mir gesprochen, denn er ist heute nicht gekommen. Elia erklärte es ihm: Heute, wenn ihr auf Seine Stimme hört (Ps. 95,7)! (Babylon. Talmud, Sanhedrin 98a).« (84-85). Es heißt dort weiter: »Ohne eine Änderung in den Menschen ist die messianische Zukunft in weiter Ferne« (85). »Die Rabbinen rieten bereits in der Antike, keine Berechnungen über ›das Ende der Zeiten‹ anzustellen (Babylon. Talmud Pessachim 54b; Sanhedring 97b, Traktat Derech Erez Rabba 11)«. »In jedem Fall ist jüdischer Messianismus eine diesseitige Angelegenheit. Die Zeit des Messias ist nicht identisch mit dem Jenseits: ›Die Weissagungen der Propheten beziehen sich auf die Tage des Messias. Für die zukünftige Welt gilt das Wort, ›Kein Auge außer dir, Gott, hat es geschaut‹ (Jes. 64,3; Babylon. Talmud 34b u. ö.)« (86).

[41] Vgl. zum Messias und messianischem Zeitalter ROMAIN/HOMOLKA (s. Anm. 26), 42-44; oder MAX BROD, Das Diesseitswunder oder die jüdische Idee und ihre Verwirklichung (1939), in: Jüdische Theologie im 20. Jahrhundert. Ein Lesebuch. Hrsg. von SCHALOM BEN-

Sicht noch nicht gekommen, da noch kein weltweiter Frieden herrscht, der das Kriterium ist, nach dem das Kommen des Messias beurteilt wird. Über das messianische Zeitalter und den Messias gibt es zwei gegensätzliche Auffassungen: Die erste geht davon aus, dass der Messias zur Rettung kommt, wenn die Welt im Chaos untergeht und nur noch durch den Messias gerettet werden kann. Die zweite, dass er kommt, wenn die Welt kurz vor der Vervollkommnung steht.[42]

b. Die *kommende Welt* (haolam haba)
Es gibt auch zwei verschiedene Vorstellungen der kommenden Welt.[43] Die erste geht davon aus, dass die *kommende Welt* im Diesseits verwirklicht wird (siehe

---

CHORIN, VERENA LENZEN, München 1988, 196-210. Rabbinische Geschichten zu Erlösung und der kommenden Welt siehe auch in JAKOB PETUCHOWSKI, Es lehrten unsere Meister. Rabbinische Geschichten, Freiburg 1992, 129-140. Im babylonischen Talmud steht hierzu auch: »Rabbi Jaqob sagte: Diese Welt ist wie ein Vorzimmer für die zukünftige Welt; Rüste Dich im Vorzimmer, damit Du Einlass findest in den Saal« (Mischnah Abhoth 4, 21-22, zitiert nach LAZARUS GOLDSCHMIDT 2002: Der babylonische Talmud, Band IX. Sprüche der Väter, 676. Siehe auch PETUCHOWSKI, 137). Biblische Zitate, in denen vom Erlöser die Rede ist, sind zahlreich (vgl. JULIUS ROESSLE (HG.), Konstanzer Kleine Konkordanz. Konstanz, 1964 Beiträge »erlösen« und »Erlöser«. Siehe etwa 2. Mose 6,6 oder 5. Mose 9, 26 oder auch Hiob 19,25). Außerdem wird in verschiedenen Psalmen darauf Bezug genommen. Vgl. den Beitrag von MARIANNE GROHMANN in diesem Band. Vgl. zum Leben nach dem Tod im Judentum ROMAIN/HOMOLKA (s. Anm. 26), 48-51 sowie KERRY M. OLITZKY, RONJALD H. ISAACS, Rediscovering Judaism. Ktav Publishing House, Hoboken (USA) 1997, 369-379. Zur Rabbinischen Lehre von der Erlösung siehe AVEMARIE (s. Anm. 32). Zur Erlösungsidee im Judentum siehe auch HEINZ WESTMAN, Die Erlösungsidee im Judentum, in: HEINZ WESTMAN UND PAUL TILLICH (HG.), Gestaltung der Erlösungsidee im Judentum und im Protestantismus. Eranos Jahrbuch 4-1936, Ascona 1986, 33-196.

[42] Vgl. Talmud, Sanhedrin 98a: »Der Sohn Davids kommt nur in einem Zeitalter, das ganz würdig oder ganz schuldig ist«. Zit. Nach: Der babylonische Talmud. Ausgewählt, übersetzt und erklärt von REINHOLD MAYER, überarbeitete München ⁵1979, 631. Zu jüdischem Messianismus siehe auch MANFRED VOIGTS, Jüdischer Messianismus und Geschichte, Berlin 1994. Darin: »Nicht ein *konkreter* Messias, sondern die prinzipiell nach vorne hin offene messianische Idee ist nach Bloch das Zeugnis des Alten Testaments, [...]« (Axel Denecke über Ernst Bloch, zitiert nach Voigts 1994, 15). »[...]; die Gegenwart muß sich schon in irgend einer Weise [...] als Vorform der Tage des Messias begreifen« (22). Siehe auch: MICHAEL LÖWY, Erlösung und Utopie. Jüdischer Messianismus und libertäres Denken. Eine Wahlverwandtschaft, Berlin 2002.

[43] So schreibt etwa MAX BROD (s. Anm. 41): »Der Talmud kennt zwei Messiase, den Messias ben Joseph, der im Kampfe fällt, und den vollendeten Messias Ben David. Wo nämlich der Messias als Erlöser von allem Übel, auch von dem edlen der Endlichkeit und des bösen Triebes, erscheint, da ist sein Kommen für das ›Ende der Tage‹ verheißen, also für jene metaphysische Zeit, in der alle Zeit aufgehoben ist. – Wo aber die Messiaszeit als irdisch

auch: messianisches Zeitalter). Die zweite Auffassung geht von einer *kommenden Welt* im Jenseits aus und beinhaltet auch den Glauben an ein Leben nach dem Tod.[44] Allerdings spielt die Frage nach der Auferstehung der Toten und dem Leben nach dem Tod im Judentum eine eher untergeordnete Rolle.[45] Spannend ist ein paradoxes Zitat aus den Sprüchen der Väter (Pirke Awot 4, 22) zur Bedeutung der *kommenden Welt*: »Eine Stunde Reue und gute Taten in dieser Welt sind besser

---

erlebbar gezeichnet wird, ist zugleich ihre Wirkung wesentlich bescheidener angeben, auf Behebung des unedlen Unglücks oder sogar nur eines Teilunglücks beschränkt, und ein von ihr charakteristisch verschiedenes ›zukünftiges Leben‹ wird ihr gegenübergestellt.« (MAX BROD, in: BEN-CHORIN UND LENZEN (HG.), Lust an der Erkenntnis: Jüdische Theologie im 20. Jahrhundert. Ein Lesebuch, München 1999, 197-198).

[44] Im täglich gebeteten 18-Bitten-Gebet (Schmone-Esre-Gebet, Amidah) ist von der Auferstehung der Toten die Rede (»Du bist mächtig in Ewigkeit, Herr, belebst die Toten, du bist stark zum Helfen. [...] Du ernährst die Lebenden mit Gnade, belebst die Toten in großem Erbarmen« http://www.hagalil.com/judentum/gebet/amida.htm [28.3.2019]. Im Reformjudentum wurde um eine alternative Formulierung gerungen, etwa »Du schenkst Leben angesichts des Todes« http://www.geistigenahrung.org/ftopic1502.html [27.3.2019]. Zum Leben nach dem Tode im Judentum siehe etwa Erwin Schild 1996, 190-196. Schon im ersten Satz des Schmone Esre heißt es zum Thema Erlösung (Geula): »*Gelobt seist du, Ewiger, [...] der du der Frömmigkeit der Väter gedenkst und einen Erlöser bringst ihren Kindeskindern um deines Namens willen in Liebe. König, Helfer, Retter und Schild!*« (CHAJIM HALEVY DONIN, Jüdisches Gebet Heute, Eine Einführung zum Gebetbuch und zum Synagogengottesdienst, Jerusalem 2002, 76). Weiter heißt es dort im siebten Segensspruch: »*Schaue auf unser Elend, führe unseren Streit und erlöse uns rasch um deines Namens willen, denn du bist ein starker Erlöser. Gelobt seist du, Ewiger, der du Israel erlösest!*« (83). Im 8. Segensspruch heißt es »*Heile uns Ewiger, dann werden wir geheilt, hilf uns, dann wird uns geholfen, denn du bist unser Ruhm, und bringe vollkommene Heilung allen unseren Wunden, denn Gott, König, ein bewährter und barmherziger Arzt bist du. Gelobt seist du, Ewiger, der du die Kranken deines Volkes Israel heilst!*« (83). Der fünfzehnte Segensspruch (Birkat David) betrifft das Kommen des Maschiach. »*Den Sprössling deines Knechtes David lass rasch emporspriessen, sein Horn erhöhe durch deine Hilfe, denn auf deine Hilfe hoffen wir den ganzen Tag. Gelobt seist du, Ewiger, der das Horn der Hilfe emporspriessen lässt!*« (93).

[45] »Allerdings warnen unsere Weisen vor einer zu wörtlichen Auslegung aller dieser Aussagen [über ein Leben nach dem Tod in Gebeten]. Ein Leben nach dem Tode ist ja unbeweisbar, unbeschreibbar, völlig außerhalb des menschlichen Erfahrungskreises, denn *kein Auge hat es jemals gesehen außer Dir, o Gott!* (Jesaja 64,3).« ERWIN SCHILD, Die Welt durch mein Fenster, Köln 1996, 192. Auch Jeshajahu Leibowitz sagt: »Ich habe keine Vorstellung von dem, was jenseits des Lebens liegt. Damit habe ich nicht gesagt, daß nach dem Leben nichts kommen wird, aber ich habe davon eben keine Vorstellung«, JESHAJAHU LEIBOWITZ MIT MICHAEL SHASHAR, Gespräche über Gott und die Welt, Frankfurt am Main 1990.

als das gesamte Leben in der kommenden Welt. Aber eine Stunde voll Wonne in der kommenden Welt ist besser als das ganze Leben auf dieser Welt«.[46]

Im Reformjudentum[47] glaubt man an die Unsterblichkeit der Seele, nicht jedoch an eine Auferstehung des Körpers. Dies kommt auch in der veränderten Liturgie zum Ausdruck: »Du schenkst Leben angesichts des Todes« weckt andere Assoziationen als die »Auferweckung der Toten«.[48] Tendenziell ist aber das Leben nach dem Tod weniger zentral als die Frage nach dem richtigen Handeln, da es sich unserer Kenntnis entzieht.[49] Die *kommende Welt* wird im Reformjudentum als messianisches Zeitalter gedacht, in dem Frieden herrscht und die Menschen einander helfen. Geschichte und Moral werden miteinander versöhnt, Politik und Ethik in Einklang gebracht.[50] Es ist in dieser Sicht ein weltliches Ziel. Der Mensch braucht Erlösung, aber er erreicht sie nur durch sein eigenes Zutun.

Auch wenn es im Judentum unterschiedliche Auffassungen über den Messias, die *kommende Welt* und eine große Bandbreite der Ideen über ein Leben nach dem Tod gibt, so ist doch generell das Handeln in der Welt wichtiger als der Glaube. Das Leben in der Welt ist wichtiger als das Nachdenken über das Leben nach dem Tod.[51]

---

[46] Vgl. SCHILD (s. Anm. 45), 194 oder LAZARUS GOLDSCHMIDT, Der babylonische Talmud. Sprüche der Väter, Nachdruck 2002, 676-677). Für eine Interpretation siehe auch EMIL FACKENHEIM, Was ist Judentum? Eine Deutung für die Gegenwart. Institut Kirche und Judentum, Berlin 1999, 231ff.

[47] Für mehr Informationen zu den verschiedenen religiösen Strömungen des Judentums (Reform-Bewegung/liberales Judentum, konservatives Judentum, orthodoxes Judentum, Rekonstruktionismus und Chassidismus) siehe etwa GILBERT S. ROSENTHAL/ WALTER HOMOLKA, Das Judentum hat viele Gesichter. Die Religiösen Strömungen der Gegenwart, München 1999, oder JACOB NEUSNER, Judaism in Modern Times. Blackwell Publishers, Cambridge 1995.

[48] Über die genaue Formulierung wird seit langem gestritten, teilweise wurden Änderungen in Neuauflagen von Gebetbüchern wieder rückgängig gemacht. Vgl. https://www.juedische-allgemeine.de/allgemein/rueckkehr-zur-tradition/[27.03.2019].

[49] Bezeichnend dafür ist etwa ein Buch über Sterbehilfe im Judentum, in dem es kein Kapitel zum Leben nach dem Tod gibt. Vgl. STEPHAN PROBST (HG.), Vom Umgang mit Verlust und Trauer im Judentum, Berlin 2018.

[50] ERWIN SCHILD, Die Welt durch mein Fenster. Einsichten und Wegweisung eines kanadischen Rabbiners deutscher Herkunft für das Leben in unserer Zeit, Köln 1996, 133.

[51] Vgl. zum Leben nach dem Tod im Judentum ROMAIN/HOMOLKA (s. Anm. 26), 48-51.

c. Glauben

Im Reformjudentum wird Offenbarung als Prozess gesehen, der noch nicht abgeschlossen ist.[52] Die Torah gilt als von Gott inspiriert, aber vom Menschen geschrieben. Ihre Heiligkeit besteht in dem, was sie bezeugt, und nicht in dem, wie sie es ausdrückt. Außerdem sind Mitzvot, gute Taten/Gebote und Verbote, nach dieser Auffassung ein Weg, höchste Ideale und den Alltag miteinander zu verbinden. Häresie ist im Judentum nicht das falsche Dogma über Gottes Wesen, »sondern Gottes Dasein durch unmoralische Taten zu leugnen«.[53] Die Folgen des Glaubens sind wichtiger als der Glaube selbst.[54] An der Erlösung der Welt muss der Mensch mitarbeiten, auch wenn die Aufgabe größer ist als ein Mensch bewältigen kann. Ein viel zitierter Spruch aus dem Talmud ist folgender Ausspruch des Rabbi Tarfon: »Dir liegt nicht ob, das Werk zu vollenden, du bist aber nicht befugt, davon müßig zu bleiben.«[55]

d. Schabbat oder ein Tag in der *kommenden Welt*

Der Schabbat ist nicht nur ein Ruhetag, sondern eine Pause, in der nichts an der Welt verändert werden muss. Es gibt verschiedene Arten, Schabbat zu feiern, die sich zwischen den Strömungen des Judentums sehr unterscheiden können. Es ist auch ein Tag, an dem die Welt angenommen werden kann, wie sie ist, ohne sie verbessern zu wollen. Auch ist der Mensch erlöst von den Sorgen des Alltags und kann an Heiliges denken. In diesem Sinne ist der Schabbat wie ein Tag in der *kommenden Welt*. Somit bietet er einen Vorgeschmack auf eine Erlösung im Hier und Jetzt. So wird Erlösung erfahrbar.

e. Vom Auszug aus Ägypten

Der Auszug aus Ägypten (Exodus) ist die große Erlösungserzählung in der Torah und zentral für die Identitätsbildung des Volkes Israel. Sie wird als weltliche Erlösungshandlung aufgefasst. Es ist jedoch traditionell bei der Textauslegung

---

[52] Hierin unterscheidet sich das Reformjudentum vom orthodoxen Judentum. Im Orthodoxen Judentum gilt die schriftliche und mündliche Torah als von Gott dem Mose am Berg Sinai gegeben.

[53] ROMAIN/HOMOLKA (s. Anm. 26), 40.

[54] ROMAIN/HOMOLKA (s. Anm. 26), 41.

[55] Sprüche der Väter 2:21 (zitiert nach SAMSON RAPHAEL HIRSCH: Sprüche der Väter, Basel/Zürich/Morascha 1994, 39). Hirsch schreibt hierzu: »Das Gute, das Gott auf Erden vollbracht wissen will, ist nie für die Leistung eines einzelnen berechnet, jeder kann nur einen Bruchteil des Ganzen leisten, und nur durch das Zusammenwirken aller kann das Heil geschaffen werden, das auf Erden erblühen soll. Allein, wenn auch keiner ein Ganzes schaffen kann, so hat doch jeder das voll und ganz zu leisten, was in seinen Kräften steht […].« (39-40).

der Torah so, dass es vier verschiedene Ebenen der Interpretation gibt.[56] Das Akronym PaRDeS steht dabei für die vier Ebenen Peshat (wörtliche Interpretation, »einfacher Sinn«), Ramez (Hinweis, allegorische oder philosophische Interpretation, »angedeuteter Sinn«), Derash (hermeneutische und ethische Ebene, »belehrender Sinn«) und Sod (mystisches Verständnis, »geheimer Sinn«).[57] Nach dieser Auffassung ist die Erzählung vom Auszug aus Ägypten nicht nur weltlich zu verstehen, sondern auch spirituell. Mizrayim (Ägypten) ist demnach nicht nur ein geographisches Land, sondern ein unfreier Zustand, ein begrenzender Ort. Wer sich dort befindet bedarf der Befreiung auch im spirituellen Sinne.[58] So feiern wir zu Pessach nicht nur den historischen Auszug aus Ägypten, sondern jede/r soll sich fühlen, als sei er/sie selbst aus Ägypten befreit worden.[59] Daraus folgt auch »die Pflicht eines jeden Juden, sich um ein Verständnis der Forderungen Gottes zu bemühen und sie mit der modernen Welt in Beziehung zu setzen, wie es die biblischen Autoren in ihrer Zeit taten«.[60] Erlösung in diesem Sinne ist keine einmalige Handlung, sondern ein fortlaufender Prozess. Die Torah ist ein »Baum des Lebens«, weil sie immer wieder von vorne gelesen wird und immer wieder

---

[56] DAYLE FRIEDMAN, PaRDeS. A Model for Presence in Livui Ruchani, in: DERS. (HG.), Jewish Pastoral Care. A Practical Handbook. Jewish Lights Publishing, Vermont 2005, 42-55. Dieser beruft sich auf den Zohar (wesentlicher Bestandteil der Kabbala) und zwar auf Zohar Chadash, Tikkunim, 102d und 107c. Für eine Ausführung der Lehre verweist er auf TISHBY, Isaiah: The wisdom of the zohar, vol. 3. Oxford, Oxford University Press 1989, 1090. Das Akronym PaRDeS erinnert an das hebräische Wort Pardes für Garten. Siehe auch: DANIEL KROCHMALNIK, Im Garten der Schrift. Wie Juden die Bibel lesen, Regensburg 2006. Nach einer Geschichte im babylonischen Talmud betraten vier Gelehrte den Garten (Pardes), einer starb, einer wurde verrückt, einer verlor seinen Glauben und nur einer kehrte unversehrt wieder zurück. Dies wird auch als Ergebnis intensiven Studiums der Torah gesehen und als Mahnung, die Bodenhaftung nicht zu verlieren. Für eine allgemeinverständliche Darstellung dieser Geschichte und ihres Zusammenhangs mit dem Akronym PArDEs siehe den Beitrag von KONSTANTIN SCHUCHARDT unter: https://www.juedische-allgemeine.de/religion/pardes/[27.2.2019].

[57] Die Angaben in Anführungszeichen sind wörtlich zitiert aus KROCHMALNIK (s. Anm. 56), 10. Die anderen Bedeutungen in den Klammern sind von mir übersetzt aus FRIEDMANN (s. Anm. 56).

[58] Der Machtkampf zwischen Moses und Pharao kann auch als Kampf zwischen spiritueller Seite und dem Ego oder als Licht gegen Dunkelheit interpretiert werden: http://www.hagalil.com/judentum/kabbala/5768/moses.html[27.2.2019].

[59] Es ist Teil der Pessach Haggada (der Ordnung für den Sederabend zum jüdischen Pessachfest), daran zu erinnern, dass jede(r) sich so fühlen soll, als sei er/sie selbst aus Ägypten befreit worden. Siehe hierzu auch Exodus 13,8 [Bo] und Deuteronomium 29,13-14 [Nizawim]. Zitiert nach ROMAIN/HOMOLKA (s. Anm. 26), 24. Vgl. auch KROCHMALNIK (s. Anm. 56), 1.

[60] ROMAIN/HOMOLKA (s. Anm. 26), 24.

neu zur Befreiung aufruft. In diesem Sinne ist die Torah kein Geschichtsbuch, sondern ein poetisches Werk. »Ihre Heiligkeit besteht in dem, was sie bezeugt, nicht in der Art und Weise, wie sie es darstellt«.[61] Erlösende Momente sind möglich, das gelobte Land dient als Metapher hierfür. Doch um diesen Zustand muss immer wieder gerungen werden. Die Torah erzählt von diesem Ringen und verbindet sie mit der Existenz Gottes. Auch Gottes Name steht dabei im Kontext der Erlösung. Am brennenden Dornbusch nennt Gott Moses seinen Namen als »Ich werde da sein, als der ich da sein werde.« (Ehjeh ascher ehjeh, übersetzt nach Martin Buber, Exodus 3:14)[62]. Durch Gottes Ebenbildlichkeit kann auch der Mensch als werdend, als Verb aufgefasst werden, der sein wird, was er sein wird.[63] Die Gegenwart muss nicht so bleiben wie sie ist. Aus der Torah leiten wir den Anspruch ab, uns zu verbessern. Es ist danach nicht egal, wie wir leben.

Zu einer Diskussion um Erlösung gehört auch die Hoffnung auf Erlösung, die Menschen viel Kraft geben kann.[64] Trotz aller Bemühungen von Medizin und Forschung bleiben Krankheit, Tod und Leid und es muss mit Situationen umgegangen werden, die wir Menschen nicht ändern können. Die Hoffnung auf Erlösung beinhaltet die Vorstellung, dass Gott uns im Leiden begleitet. Resilienz ist die Fähigkeit, Krisen zu bewältigen, mit den Härten des Lebens umzugehen und die Hoffnung auch unter Druck nicht zu verlieren. Resilienz lässt sich nicht mit Gentechnik erreichen.

4. Persönliches Fazit

Erlösung hat zwei Ebenen: weltlich und spirituell. Auf der weltlichen Ebene sind Beiträge der Gentechnik möglich. Im Judentum wird Gentechnik eher positiv gesehen. Erlösung kommt in diesem Sinne nicht von alleine. Trotz vieler Erfolge und Verbesserungen gibt es aber immer neue Probleme, sodass man feststellen muss, dass das messianische Zeitalter noch lange nicht in Sicht ist. Da die Gentechnologien nicht nur mit Chancen, sondern auch mit Risiken einhergehen können, ist es wichtig, Missbrauchsgefahren einzudämmen und die Entwicklungen zu steuern und zu regulieren, insbesondere um Dammbruchgefahren

---

[61] ROMAIN/HOMOLKA (s. Anm. 26), 23.

[62] https://www.martin-buber.com/zitate/die-schrift/der-brennende-dornbusch/ [27. 03. 2019].

[63] Vgl. LEVINSON (s. Anm 40), 87: »Das Ziel der Verwirklichung ist der Mensch als Ebenbild Gottes im Sinn der biblischen Ethik«. Noam Zohar macht die Gottesebenbildlichkeit zum Ausgangsunkt von Überlegungen zum Wert menschlicher Embryonen: NOAM J. ZOHAR, Divine Representations and the Value of Embryos: God's Image, God's Name, and the Status of Human Nonpersons, in: DORFF/ZOLOTH (s. Anm. 32), 55-67.

[64] »Irgendwo in den Quellen gibt es einen Midrasch, der etwa so lautet: »Wer ist ein Jude? Jemand, der hofft.«« EMIL L. FACKENHEIM, Was ist Judentum? Eine Deutung für die Gegenwart, Berlin 1999, 217.

einzudämmen. Der Bioethik kommt in diesem Kontext die Aufgabe zu, eine »Brücke in der Zukunft«[65] zu sein.

Auf der spirituellen Ebene ist Erlösung ein fortlaufender Prozess und eng mit Resilienz verknüpft. Die Resilienz im Sinne des Umgangs mit Krankheit und Leid lässt sich nicht durch Gentechnik erreichen. Die Torah ist ein spiritueller Wegweiser in Richtung Freiheit, sowohl weltlich als auch spirituell. Diese muss immer wieder neu errungen werden. Die Zeitdimension und der Schabbat sind dabei ein zentraler Ankerpunkt. Religion als Sinnstifterin, Motivation und Lebensweise wird durch Gentechnik nicht ersetzt.[66]

---

[65] VAN RENSSELAER POTTER, »Bioethics: Bridge to the Future«. Englewood Cliffs, Prentice-Hall 1971.

[66] Ich danke den Teilnehmenden der Jahrestagung der Bultmann-Gesellschaft für zahlreiche Anregungen im Rahmen der Diskussion meines Vortrags.

Braucht der Mensch Erlösung?

Perspektiven aus Psalmen und Klageliedern

Marianne Grohmann

1. Einleitung: Was ist Erlösung im Alten Testament?

Braucht der Mensch Erlösung? Versucht man, diese Frage aus alttestamentlicher Perspektive zu beantworten, merkt man, dass man sich im Spannungsfeld zwischen einer religionsgeschichtlichen, historisch-kritischen, literaturwissenschaftlichen Analyse biblischer Texte auf der einen Seite und christlicher Theologie und Dogmatik auf der anderen Seite bewegt. Das Anliegen, historische Exegese von den Vorentscheidungen der Dogmatik zu »befreien« und Bibeltexte in ihrem historischen und literarischen Kontext zu verstehen, ist ein bleibend wichtiges. Gleichzeitig ist es wünschenswert, Texte der Hebräischen Bibel in ihrem »Eigenwert« so zu analysieren, dass christlich-theologische, aber genauso auch jüdische und säkulare Diskurse darauf aufbauen können. Jede Auslegung befindet sich im hermeneutischen Zirkel. Die Frage, ob der Mensch Erlösung braucht, kommt aus einem christlich-theologischen Zusammenhang.[1] Auch bei den folgenden Überlegungen lässt sich allein in der Auswahl der Begrifflichkeit und der Anordnung der Texte ein christlich geprägter hermeneutischer Zugang nicht leugnen.[2]

Im Folgenden liegt der Fokus auf Psalmen und Klageliedern. Im Sinne des vielzitierten Luther-Wortes vom Psalter als der »kleinen Biblia«[3] werden Sätze in

---

[1] Vgl. z.B. ULRICH H. J. KÖRTNER, Dogmatik (LET 5), Leipzig 2018, 10, der seine gesamte Dogmatik als »soteriologische Interpretation der Wirklichkeit« versteht.
[2] Ein Zugang aus jüdischen Quellen würde vermutlich zum Teil andere Themen in Zusammenhang mit Erlösung bringen, z.B. die Tora: vgl. FRIEDRICH AVEMARIE, Tora und Leben. Untersuchungen zur Heilsbedeutung der Tora in der frühen rabbinischen Literatur (Texte und Studien zum Antiken Judentum 55), Tübingen 1996.
[3] MARTIN LUTHER, Zweite Vorrede auf den Psalter (1528), in: HEINRICH BORNKAMM (HG.), Luthers Vorreden zur Bibel, Frankfurt a.M. 1983, 64-69: 65; wird aufgenommen z.B. bei

Psalmen als Verdichtung und Konzentration theologischer Aussagen des Alten Testaments insgesamt verstanden. Durch die Linse der Psalmen werden andere Aussagen zu Erlösung in der gesamten Hebräischen Bibel in den Blick genommen. So soll die Lektüre einiger Beispiele aus den Psalmen im Weiteren von folgenden Fragestellungen geleitet werden:
- Was ist Erlösung?
- Wer erlöst? – Wie ist es zu verstehen, dass Erlösung von Gott ausgeht und gleichzeitig eine »säkulare« Rechtsinstitution (»Löseramt«) ist?
- Wer wird erlöst? – Gibt es eine individuelle und kollektive Dimension?
- Wovon wird erlöst?
- Ist der Mensch in ausgewählten Texten aus Psalmen und Klageliedern »erlösungsbedürftig«?

Die zentralen alttestamentliche Begriffe für »Erlösung«, »Einlösung« oder »Lösung« sind Wörter, die von den Wurzeln גאל und פדה abgeleitet werden. Sie kommen in zwei Zusammenhängen vor:
1. als Rechtsbegriffe im gesellschaftlichen Zusammenleben: für Regelungen zur Lösung und zum Loskauf,
2. als Bezeichnungen für göttliches Handeln.

Bei dieser Einteilung ist allerdings zu beachten, dass sich der gesellschaftlich-profane und der religiöse Bereich in der Antike zwar unterscheiden, aber nicht klar voneinander trennen lassen, sondern auf vielfache Weise miteinander verflochten sind. Zudem geben Bibelübersetzungen diese Begriffe mit unterschiedlichen Wörtern wieder: So wird גאל z.B. in Lev 25,25 in der Septuaginta mit λυτρόομαι übersetzt, in der Luther-Bibel (1984 und 2017) mit »Einlösen« und in der Zürcher Bibel (2007) mit »Zurückkaufen«. Eine Unterscheidung zwischen »lösen« oder »einlösen« und »erlösen«, die wir im Deutschen machen, gibt es im Hebräischen nicht. Eine gemeinsame Grundbedeutung der hebräischen Wurzel גאל ist »wiederherstellen«.[4]

Allgemein lässt sich sagen, dass in den Psalmen das Motiv der Lösung und des Loskaufs auf die Rettung durch Gott übertragen wird.[5] Dies wird im Folgenden näher beleuchtet, wobei zuerst die Lösung als Rechtsinstitution und im Anschluss daran jene Konzeptionen von Erlösung in den einzelnen Psalmen-Beispielen in den Blick kommen, die auf Gott übertragen werden. Dabei wird auch die Frage behandelt, welche Aspekte des Bildfeldes Lösung für die Rede von Gott verwendet wird.

MARKUS SAUR (HG.), Die kleine Biblia. Beiträge zur Theologie der Psalmen und des Psalters (BThSt 148), Neukirchen-Vluyn 2014.

[4] Vgl. HELMER RINGGREN, Art. גָּאַל, in: G. JOHANNES BOTTERWECK/HELMER RINGGREN (HG.), ThWAT 1, Stuttgart u.a. 1973, 884–890: 885.

[5] Vgl. MELANIE KÖHLMOOS, Art. Löser/Loskauf, in: www.wibilex.de, Stuttgart 2015 (https://www.bibelwissenschaft.de/stichwort/25051/; zuletzt abgerufen am 25.2.2019).

2. Lösung/Auslösung/Loskauf als Rechtsinstitution im biblischen Israel

גאל ist zunächst ein rechtlicher Terminus zur Regelung verwandtschaftlicher Solidarität: Gerät ein Mensch in eine wirtschaftliche Notlage, ist sein nächster männlicher Verwandter dazu angehalten einzuspringen. Das »Löseramt« umfasst folgende Aufgaben:
- Loskauf eines Grundstücks, wenn es wegen Verschuldung verkauft werden muss (Lev 25,25-34). Im Buch Rutwird diese Löseraufgabe mit der Leviratsehe verbunden (Rut 4,3.4).[6]
- Loskauf eines Sklaven, wenn sich ein Israelit einem Fremden als Schuldsklave verkaufen muss (Lev 25,47-54).
- Blutrache im Mordfall (Num 35,12.19-27; Dtn 19,6.12): Im Fall eines Mordes ist es die Aufgabe des Bluträchers (גאל הדם), auch wieder des nächsten männlichen Verwandten, den Mörder zu töten. Die Blutrache wird als alte Sitte dargestellt, sie wird aber eingegrenzt:[7] Schutz vor dem Bluträcher gibt es z.B. in Asylstädten (Num 35,9-35; Dtn 19,1-13; Jos 20,1-9).

In den ersten beiden Fällen steht »Lösung« in Verbindung mit konkreten Geldsummen und materiellen Werten. Menschen, die durch Verschuldung in materielle Abhängigkeit geraten könnten, sollen durch diese Regelungen geschützt werden: »Die Rechtsinstitutionen der Auslösung und des Loskaufs zeigen, dass die Wahrung des Rechts und der Ansprüche von Schwachen von hohem Interesse waren: Es wird versucht, missbräuchliche Zugriffe auf Personen und Lebensgrundlagen nach Möglichkeit zu verhindern. Vor allem im Zusammenhang mit Verschuldung spielen diese Instrumente eine Rolle, insofern sie der notwendigen Abhängigkeit des Schuldners vom Gläubiger entgegensteuern.«[8] Die historische Einordnung dieser Bestimmungen wird nach wie vor kontrovers diskutiert: Es ist davon auszugehen, dass die verschiedenen Rechtssammlungen eine lange Redaktionsgeschichte hinter sich haben. Die Regelungen im Heiligkeitsgesetz nehmen

---

[6] Vgl. Irmtraud Fischer, Rut, HThKAT, Freiburg et al. 2001, 53-56.

[7] Vgl. Rainer Kessler, »Ich weiß, dass mein Erlöser lebet.« Sozialgeschichtlicher Hintergrund und theologische Bedeutung der Löser-Vorstellung in Hiob 19,25, in: ders., Gotteserdung. Beiträge zur Hermeneutik und Exegese der Hebräischen Bibel (BWANT 170), Stuttgart 2006 (Erstveröffentlichung 1992), 191 -206: 192-193.

[8] Köhlmoos (s. Anm. 5), 3.

zum Teil ältere Bestimmungen auf. Ging man noch vor 20 Jahren von einem spätvorexilischen Kern des Heiligkeitsgesetzes (Lev 17-26) aus,[9] so ist heute eine Verschiebung zu Argumenten für eine nachexilische Datierung zu beobachten.[10] Terminologisch werden גאל und פדה zum Teil synonym verwendet. Darüber hinaus ist ein Spezifikum von פדה, dass es im Zusammenhang mit der Auslösung der Erstgeburt steht (Ex 13,2.12-15; 22,29-30; 34,19-20 etc.).

Bei allen diesen Regelungen – wie bei der Tora insgesamt – lässt sich die historische Realität hinter den Texten nicht mehr rekonstruieren. Es wird diskutiert, ob sie real praktiziertes Recht abbilden oder als Idealvorstellungen zu verstehen sind. Wahrscheinlicher ist wohl, dass sie »[...] nicht als gültiges, einklagbares Recht, sondern als Maxime des moralischen Handelns verstanden wurden.«[11]

Zusammenfassend lässt sich also bei dieser Rechtsinstitution festhalten, dass ein konkreter Mensch der Erlöser ist, nämlich der nächste männliche Verwandte. Erlöst wird ein Mensch, der in wirtschaftliche Not geraten ist. Lösung/Loskauf ist eine soziale Regelung im Bereich menschlichen Zusammenlebens. Diese konkreten rechtlichen Regelungen zum Loskauf stehen im Hintergrund von Ps 49,8-9, wo es heißt:

---

[9] So sieht z.B. KESSLER (s. Anm. 7), 195, in der Löseinstitution eine »[...] Antwort auf die soziale Krise, wie sie für Israel und Juda seit dem 8. Jahrhundert greifbar wird und die – kurz gesagt – darin besteht, dass immer mehr bis dahin Freie aufgrund von Überschuldung ihren Besitz verlieren und in Abhängigkeit von wenigen Mächtigen geraten.« – Im englischsprachigen Raum plädieren nach wie vor YISRAEL KNOHL, The Sanctuary of Silence. The Priestly Torah and the Holiness School, Minneapolis 1995; JACOB MILGROM, Leviticus 1-16 (AncB 3), New York u.a. 1991; JONATHAN KLAWANS, Impurity and Sin in Ancient Judaism, Oxford 2000, 22, für eine frühe Datierung von H.

[10] Vgl. z.B. CHRISTOPHE NIHAN, From Priestly Torah to Pentateuch. A Study in the Composition of the Book of Leviticus (FAT II/25), Tübingen 2007. ERHARD BLUM, Studien zur Komposition des Pentateuch (BZAW 189), Berlin/New York 1990, 321-322, sieht in H gar keine eigene Schicht, sondern eine Bearbeitungsschicht innerhalb der Priesterschrift. ECKART OTTO, Innerbiblische Exegese im Heiligkeitsgesetz Levitikus 17-26, in: HEINZ-JOSEF FABRY/H.-W. JÜNGLING (HG.), Levitikus als Buch (BBB 119), Berlin/Bodenheim b. Mainz 1999, 125-196, beurteilt H als nachpriesterschriftliche Ergänzung zu P.

[11] IRMTRAUD FISCHER, Was kostet der Exodus? Monetäre Metaphern für die zentrale Rettungserfahrung Israels in einer Welt der Sklaverei, JBTh 21/2006, 25-44: 33.

(8) Nie kann ein Mensch seinen Bruder[12] loskaufen (פדה יפדה), er kann Gott kein Lösegeld (כפר) geben, (9) denn *zu* kostbar (יקר) ist das Loskaufgeld (פדיון) für ihr Leben (נפש), und er muss damit für immer aufhören.[13]

Verschiedene Rechtsbestimmungen rund um das Löseramt stehen im Hintergrund der Verse: Dass man seinen Bruder nicht loskaufen kann, könnte im Gegensatz zur Sklavengesetzgebung stehen. Auch die Auslösung von der Todesstrafe klingt hier an. In Ex 21,30 wird das thematisiert und es findet sich dort auch dieselbe Formulierung »Loskaufgeld/Lösegeld für sein Leben« (פדיון נפשו). Der Anlassfall ist ein anderer, nämlich dass ein Rind einen Menschen zu Tode trampelt.

Ps 49 ist ein weisheitliches Lehrgedicht – in seinen eigenen Worten (V. 5) sowohl משל (Lehrrede/Gleichnis) als auch חידה (Rätsel) –, in dem Themen von Weisheit und Kult zusammen kommen. Es geht um die Vergänglichkeit des Menschen und das Vertrauen auf Gott.[14] In der ersten Strophe, in den Versen 6-10, wird das allgemeine Todesgeschick des Menschen am Beispiel der Reichen reflektiert: Grundaussage ist, dass Reichtum nicht vor dem Tod schützt.[15] Daraus resultiert ein Appell zur eigenen Furchtlosigkeit. »Der Psalm entdiviniert das Geld und den Reichtum, weil er ihm angesichts des Todes jede rettende Mächtigkeit abspricht, diese aber zugleich Gott allein zuspricht.«[16]

Die Vorstellung von Gott als Erlöser und die Bitte um Erlösung hat ihren konkret rechtlichen Hintergrund im Auslösen von Personen und Grundstücken bei Verschuldung. Ein anderes Beispiel dafür, dass diese Löservorstellung auf Gott übertragen und zu einem Bild für sein Heilshandeln wird, ist Ps 74,1-2:

(1) Ein Maskil. Von Asaf.
Warum, Gott, hast du für immer vernachlässigt,
warum raucht dein Zorn gegen die Herde deiner Weide?
(2) Erinnere dich (זכר) an deine Gemeinde, die du einst erworben hast (קנה),
die du erlöst hast (גאל) zum Stamm deines Eigentums (נחלה),
an den Berg Zion, auf dem du gewohnt hast!

---

[12] Einige Handschriften lesen hier die Interjektion אך (aber) anstelle von אח (Bruder). Dieser Lesart folgen einige Übersetzungen: vgl. z.B. HANS-JOACHIM KRAUS, Psalmen 1-59 (BKAT 15/1), Neukirchen-Vluyn 1989, 516-517; ERICH ZENGER, Geld als Lebensmittel? Über die Wertung des Reichtums im Psalter (Psalmen 15.49.112), JBTh 21/2006, 73-96: 91: »Ach, gewiss nicht kann sich freikaufen/erlösen der Mensch, nicht kann er Gott geben ein Beschwichtigungsgeld für sich.«
[13] Falls nicht anders angegeben, Übersetzungen der Autorin.
[14] Vgl. BEAT WEBER, Werkbuch Psalmen 1. Die Psalmen 1 bis 72, Stuttgart u.a. 2001, 225.
[15] Vgl. MARKUS WITTE, »Aber Gott wird meine Seele erlösen« – Tod und Leben nach Psalm XLIX, VT 2000, 540-560: 545.
[16] ZENGER (s. Anm.12), 95.

Stellen wie diese machen deutlich, dass Erlösung im Alten Testament nicht nur ein religiöses Konzept ist, sondern in juristischer Sprache verankert ist und mit Fragen von Eigentum und Besitz in Zusammenhang gebracht wird. Diese Kontextualisierung kann vielleicht zu einer »Gotteserdung« beitragen.[17] Wird Erlösung als Kauf dargestellt, so steht zwar die konkrete Auslösung im Hintergrund, gleichzeitig ist klar, dass über die Metapher eine Ähnlichkeit, aber keine Identität abgebildet wird.[18]

Die Verbindung, der fließende Übergang von wörtlichem Sprachgebrauch und Rede in übertragenem Sinn gilt auch für Klgl 3,58:

Du hast, Adonaj, die Rechtsstreite (ריב) meiner Seele/um meine Seele (נפשי) geführt, du hast mein Leben (חיים) erlöst (גאל).

Dass Gott sich in Gerichtssituationen und Rechtsstreitigkeiten für den betenden Menschen einsetzt, ist ein häufiges Motiv der Psalmensprache. Es kann in übertragenem Sinn als Metapher, verstanden werden,[19] aber auch sehr konkret und wörtlich. Der Text ist ein Beispiel für die enge Zusammengehörigkeit von »profanem« und »religiösem« Sprachgebrauch von Erlösung. Gott wird als Anwalt derer angerufen, die sich zu Unrecht angeklagt fühlen (Ps 18,44; 31,21; 35,1.23-24; 43,1; 119,154). »Die juristische Wendung ›einen Rechtsstreit führen‹, wird mit Gott als Subjekt [...] als ein Bild für Gottes Heilshandeln im Sinne von ›zum Recht verhelfen‹ gebraucht.«[20] Die Löserinstitution steht im Hintergrund: »Wenn Gott erlöst, tritt er für den ›Verschuldeten‹ ein und löst ihn aus seiner Schuldverstrickung.«[21]

In der für die Klagelieder typischen Form des alphabethischen Akrostichons und der Concatenatio eröffnet Klgl 3,58 die aus drei Teilen bestehende Strophe, die mit dem Buchstaben Resch beginnt. Das Thema der Gottesnähe wird aus dem vorigen Vers (V. 57) weitergeführt. Das Anliegen, dass sich Gott im Rechtsstreit einsetzt, wird im folgenden Vers (V. 59) fortgesetzt. Die Erlösung ist Gegenstand eines Heilsorakels, das mit »Fürchte dich nicht!« eingeleitet wird.[22] Klgl 3,56-58 ist eine Antwort auf die in Klgl 3,53-55 geschilderte Not: der betende Mensch sieht sich in der Grube, im Totenreich. Dass Gott »das Leben erlöst«, ist eine eher ungewöhnliche Vorstellung. Am ehesten ist sie mit Ps 119,154 vergleichbar:

---

[17] So der Titel des genannten Sammelbandes von KESSLER (s. Anm. 7).
[18] Vgl. GÜNTER RÖHSER, Erlösung als Kauf. Zur neutestamentlichen Lösegeld-Metaphorik, JBTh 21/2006, 161-191: 162-163.
[19] Vgl. z.B. CHRISTIAN FREVEL, Die Klagelieder (NSK.AT 20/1), Stuttgart 2018, 263.
[20] KLAUS KOENEN, Klagelieder (Threni) (BKAT 20/4), Neukirchen-Vluyn 2015, 288.
[21] FREVEL (s. Anm. 19), 264.
[22] Vgl. RINGGREN (s. Anm. 4), 889.

Führe meinen Rechtsstreit (ריבה ריבי) und erlöse mich (גאל)!
Nach deinem Wort belebe mich!

Klgl 3 kombiniert Beschreibungen des Leidens mit theologischem Hinterfragen dieses Leidens. Allerdings wird auch hier wie in den anderen Liedern keine Lösung dafür gefunden.[23] Die stark ausgeprägte Akrostichie und die Aufnahme vieler alttestamentlicher Traditionen sind Argumente für eine nachexilische Datierung des dritten Klageliedes. Klgl 3 wird jünger als die Lieder 2, 1 und 4 datiert, eventuell gilt es als eine spätnachexilische Reaktion auf Klgl 2 und als das Jüngste der fünf Lieder.[24]

3. Erlösung als Befreiung

Neben diesen konkreten Konzepten von Lösung/Auslösung/Loskauf sind Befreiung und Rettung, ausgehend von der Erinnerung an den Exodus, ein weiteres Wortfeld, in dem die beiden genannten Verben für Erlösung (גאל und פדה) verwendet werden. Erlösung wird auf vielfältige Weise als Befreiung verstanden und mit Wörtern wie ישע (retten/befreien) und נצל (herausreißen/retten) in Verbindung gebracht (vgl. z.B. Ps 77). In der Septuaginta wird das Verbum ישע mit entsprechenden Formen von σώζω/σωτήριος wiedergegeben (vgl. z.B. Ps 42,6). Erlösung als Befreiung und die Erinnerung an den Exodus ist ein Vorstellungskomplex der Hebräischen Bibel, der innerhalb des Alten Testaments, in christlicher Rezeption und auch für die jüdische Tradition zentral ist.[25]

In Ps 78, einem Geschichtspsalm, wird zweimal von Gott als Erlöser gesprochen: Erlösung ist das befreiende Handeln Gottes in der Schöpfung und beim Exodus. Die Erinnerung an Gott als Fels, höchster Gott und Erlöser steht in V. 35 im Kontext (V. 36-37) fehlender Treue:

> Und sie erinnerten sich daran, dass Gott ihr Fels (צור) ist
> und Gott, der Höchste, ihr Erlöser (גאל).

»Erlöser« ist hier ein Epitheton Gottes. Nach dieser Erinnerung an Gottes Schöpfungshandeln kommt in Ps 78,42 Erlösung im Geschichtsrückblick auf den Exodus vor, die große Befreiungstat Gottes an Israel:

---

[23] Vgl. ADELE BERLIN, Lamentations. A Commentary (OTL), Louisville 2002, 86.
[24] FREVEL (s. Anm. 19), 39, begründet diese späte Datierung mit Parallelen des Argumentationsmusters in exilisch-nachexilischen Dichtungen wie Ps 77 und Jes 63,7-64,11.
[25] Vgl. den Beitrag von LILIAN MARX-STÖLTING, Erlösung durch Gentechnologien? Überlegungen aus naturwissenschaftlicher und jüdischer Perspektive, in diesem Band, 23ff.

(40) Wie oft waren sie widerspenstig gegen ihn in der Wüste,
machten ihn in der Einöde traurig!
(41) Immer wieder versuchten sie Gott und kränkten den Heiligen Israels.
(42) Sie erinnerten sich (זכר) nicht an seine Hand,
an den Tag, als er sie vom Feind erlöste (פדה),
(43) als er in Ägypten seine Zeichen wirkte und seine Wunder im Gebiet Zoans.
(Psalm 78,40-43)

Im Geschichtspsalm Ps 78 eröffnen die Verse 40-43 den zweiten Reflexionsgang auf das geschichtliche Wirken Gottes an Israel. Die »Scharnierverse« V. 42-43 verweisen auf das »Vergessen« der Vorfahren in V. 11 und das »falsche« Erinnern in V. 35. Sie leiten von der Erinnerung an das Schöpfungshandeln Gottes zum Gedenken an sein befreiendes Handeln im Exodus über.[26] Sie haben die Funktion, den Einschub über die Plagen V. 40-51 einzubinden.[27]

Stellen wie diese spielen auf das umfassende Rettungs- und Befreiungshandeln Gottes im Exodus an. Erlösung ist z.B. auch in Ex 6,7-8, einer Stelle, die meistens der Priesterschrift zugeordnet wird, Herausführung und Rettung:

(7) Ich bin JHWH. Ich werde euch aus den Lastarbeiten Ägyptens
(מתחת סבלת מצרים) herausführen (יצא) und euch aus ihrer Sklaverei (עבדה)
erlösen (גאל) und euch retten (נצל) mit ausgestrecktem Arm und durch große
Gerichte.
(8) Ich werde euch mir als Volk annehmen und euer Gott sein, und ihr sollt
erkennen, dass ich JHWH bin, euer Gott, der euch herausführt (יצא) aus den
Lastarbeiten Ägyptens (מתחת סבלת מצרים).

Gott ist hier das Subjekt der Erlösung. Gottes Identität und Mitsein mit dem Volk Israel liegt im Herausführen aus Ägypten. Die Rettung und Erlösung wird mit der Präposition מתחת sehr konkret als eine Befreiung »von«, »aus« Unterdrückung, Lastarbeiten, Leiden und Sklavenarbeit in Ägypten beschrieben. In vergleichbarer Weise erinnert Ex 15,13 im Mose-Lied an die göttliche Befreiungstat des Exodus:

In deiner Gnade hast du dieses Volk geleitet,
du hast es erlöst (גאל) und durch deine Stärke geführt
zu deiner heiligen Wohnung (נוה קדש).

---

[26] Vgl. JUDITH GÄRTNER, Die Geschichtspsalmen. Eine Studie zu den Psalmen 78, 105, 106, 135 und 136 als hermeneutische Schlüsseltexte im Psalter (FAT 84), Tübingen 2012, 80.
[27] Vgl. FRANK-LOTHAR HOSSFELD, Psalm 78. Die Geschichte Israels als Mahnung und Warnung, in: DERS./ERICH ZENGER, Die Psalmen II. Psalm 51-100 (NEB 40), Würzburg 2002, 438-449.

Erlösung wird hier mit der Führung (נחה und נהל) durch die Wüste parallel gesetzt und als Gnade (חסד) klassifiziert. Erlösung »aus« einer Notsituation hat ein Wohin, ein Ziel: Gottes »heilige Wohnung« bzw. hier in poetischer Sprache den »heiligen Weideplatz«.

Irmtraud Fischer hat darauf hingewiesen, dass gerade in diesen priesterlichen Texten, Ex 6,6-8 und Ex 15,13, das Konzept des Sklavenrückkaufs und damit monetäre Metaphern als Bildspender für die Befreiung des Volkes dienen.[28] Die Exodus-Motive rund um die Erlösung, Befreiung und Rettung, die sich durch zahlreiche weitere Beispiele ergänzen ließen, erinnern an die kollektive Dimension von Erlösung: Sie sind identitätsstiftende Ereignisse für das gesamte Volk Israels. Das Individuum ist eingebettet in die Gemeinschaft.

Neben der Erinnerung an den Exodus als die göttliche Befreiungstat und Erlösung aus der konkreten Unterdrückung in Ägypten wird in den Psalmen Gott als Befreier von verschiedenen Nöten angesprochen (Ps 26,11; Ps 31,6; 34,23; 44,27; 55,19; 71,23; 103,4; 119,134.154).

So wird z.B. in Ps 69, einem Klagelied eines Einzelnen[29], in V. 19 an Gott die Bitte um Erlösung aus Not im Allgemeinen gerichtet. Diese Not wird dann konkreter als Feindbedrohung beschrieben (vgl. z.B. Ps 106,10). Objekt des Erlösens ist die Seele/Vitalität/der ganze Mensch (נפש):

(17) Antworte mir, JHWH, denn gut ist deine Gnade;
nach der Größe deines Erbarmens wende dich zu mir!
(18) Verbirg dein Angesicht nicht vor deinem Knecht,
denn ich bin bedrängt (צר-לי); antworte mir schnell!
(19) Nähere dich meiner Seele (נפש), erlöse sie (גאל);
erlöse mich (פדה) um meiner Feinde (איבי) willen!
(20) Du, du hast meine Schmähung (חרפתי) erkannt,
meine Schmach (בשתי) und meine Schande (כלמתי);
vor dir sind alle meine Bedränger (צוררי).

Erlösung ist hier Befreiung von der Bedrohung durch Feinde und Bedränger, die das Leben »eng« (צר) machen, und von sozialen Herabsetzungen: Schmähung, Schmach und Schande. Auch wenn hier von einem einzelnen Menschen die Rede ist, steht der Einzelne repräsentativ für das ganze Volk Israel.

In Ps 72,14 wird Erlösung aus Unterdrückung (תך) und Gewalttat (חמס) genannt, von der Gott die »Geringen und Armen« (דל ואביון) befreit:

---

[28] Vgl. FISCHER (s. Anm. 11), 37.
[29] Vgl. HERMANN GUNKEL/JOACHIM BEGRICH, Einleitung in die Psalmen. Die Gattungen der religiösen Lyrik Israels, Göttingen ⁴1985, 172.

Aus Unterdrückung (תוך) und Gewalttat (חמס)
wird er ihr Leben/ihre Seele (נפש) erlösen (גאל),
denn ihr Blut ist kostbar (יקר) in seinen Augen.

Wie bei der Vorstellung vom Loskauf ist auch hier Erlösung mit einem Wert verbunden: ein Menschenleben ist kostbar, es hat einen Wert. Bei allen diesen Texten sind individuelle und kollektive Dimension miteinander verknüpft.

4. Erlösung und Tod

Die vielen Nöte, aus denen Gott erretten kann, gehen bis zur Todesbedrohung. Z.B. in Ps 49 findet sich neben den bereits unter dem Stichwort Lösung/Loskauf (1.) thematisierten Versen einer, in dem sich die gesamte Frage nach dem Verhältnis zum Tod im Alten Testament verdichtet: In Ps 49,16 wird die Erlösung vom Tod, aus dem Scheol thematisiert:

Gott aber wird meine Seele/mein Leben/mich (נפש) erlösen (פדה)
aus der Hand des Scheol; denn er wird mich aufnehmen (לקח).

Bei diesem Vers wird diskutiert, ob es hier um die Rettung aus allen möglichen Nöten, um eine Rettung und Erlösung *vor* dem Tod,[30] oder um eine Rettung *aus* dem Tod, aus einem Bereich oder einer Zeit jenseits der Todesgrenze geht.[31] Prinzipiell gilt im biblischen Israel ein erfülltes Leben vor dem Tod als erstrebenswert.

Gott ist ein Gott des Lebens und der Lebendigen.[32] Aber in Klage- und Dankpsalmen wird immer wieder thematisiert, dass der Scheol, die Unterwelt, die Grube, der Tod, als gottferner Bereich in das Leben hineinreicht:[33] »Da der Tod zum Leben gehört und ein Mensch bei lebendigem Leib ›tot‹ sein kann, beschränkt sich das Totenreich nicht auf einen besonderen, ihm zugewiesenen Raum. Zu seinem Wesen gehört ein ständiges ›Über-die-Ufer-Treten‹, ein Erobern von Räumen, die eigentlich der Lebenswelt angehören.«[34]

---

[30] Vgl. KLAUS SEYBOLD, Die Psalmen (HAT I/15), Freiburg et al. 1996, 203.

[31] Vgl. WITTE (s. Anm. 15). Auch ZENGER (s. Anm. 16), 95, argumentiert in diese Richtung.

[32] Vgl. BERND JANOWSKI, Die Toten loben JHWH nicht. Psalm 88 und das alttestamentliche Todesverständnis, in: DERS., Der Gott des Lebens. Beiträge zur Theologie des Alten Testaments 3, Neukirchen-Vluyn 2003, 201-243.

[33] Vgl. JÜRGEN WERLITZ, Scheol und sonst nichts? Zu den alttestamentlichen »Jenseits«-Vorstellungen, in: STEFAN SCHREIBER/STEFAN SIEMONS (HG.), Das Jenseits. Perspektiven christlicher Theologie, Darmstadt 2003, 41-61: 43-49.

[34] BERND JANOWSKI, Konfliktgespräche mit Gott. Eine Anthropologie der Psalmen, Neukirchen-Vluyn ²2006, 253.

In den Psalmen wird immer wieder die Hoffnung formuliert, dass die Gottferne nicht endgültig ist: »Denn gegenüber dem üblichen Verständnis, daß die Gestorbenen in die Unterwelt verbannt und von Gott und seinem Gottesdienst abgeschieden sind, setzt der Psalmist die Hoffnung, daß die Gottesgemeinschaft des Frommen über den Tod hinaus ihre Fortsetzung finden wird.«[35]

Vor diesem Hintergrund lässt sich Ps 49,16 als ein Beispiel unter anderen lesen, wo die Macht Gottes auch in das Jenseits, in den Scheol hineinreicht. Hier könnte zumindest angedeutet sein, dass die Todesgrenze nicht endgültig ist. Ähnliches gilt auch für Ps 103,4:

> Der dein Leben erlöst (גאל) aus der Grube, der dich krönt mit Gnade und Erbarmen.

Innerhalb der Hebräischen Bibel lässt sich neben dem allgemeinen Konzept von JHWH als einem Gott des Lebens eine Entwicklung nachzeichnen, die seine Macht in die Totenwelt ausdehnt und die Todesgrenze etwas relativiert: vom Motiv der Errettung vom Tod im Leben in Klage- und Dankliedern (z.B. Ps 3) in spätvorexilisch-exilisch-nachexilischer Zeit (ab 7. Jh.) über Andeutungen von Vorstellungen von ewigem Leben und Unsterblichkeit in Weisheitstexten der persischen Zeit (539-333) – in diesen Kontext wäre Ps 49 einzuordnen; vgl. auch Ps 73; Hi 19,25f. – bis hin zur Vorstellung von der Auferstehung der Toten, wie sie sich in apokalyptischen Texten der hellenistischen Zeit (4.-2. Jh.) abzeichnet (Ez 37; Jes 26,19; Dan 12,2-3).[36]

5. Erlösung und Sündenvergebung

Die bisherigen Beispiele zeigen, dass Erlösung aus ganz unterschiedlichen Zusammenhängen möglich ist: Befreiung aus der Unterdrückung in Ägypten, Erlösung aus allen möglichen Nöten bis hin zur Todesgefahr und dem Hineinreichen des Todes ins Leben. Der Zusammenhang mit Schuld und Sünde ist nicht automatisch gegeben.

---

[35] Alexander Achilles Fischer, Tod und Jenseits im Alten Orient und im Alten Testament, Neukirchen-Vluyn 2005, 162.
[36] Vgl. Janowski (s. Anm. 34), 340; Ders., JHWH und die Toten. Zur Geschichte des Todes im Alten Israel, in: Angelika Berlejung/Ders. (Hg.), Tod und Jenseits im alten Israel und seiner Umwelt. Theologische, religionsgeschichtliche, archäologische und ikonographische Aspekte (FAT 64), Tübingen 2009, 447-477.

Der berühmte Ps 51[37] z.B., der für die Entwicklung von Luthers Rechtfertigungslehre ein wichtiger Text wurde,[38] reflektiert zwar ausführlich über Sünden und Vergehen [39] und er formuliert sogar ein Sündenbekenntnis. Aber die Terminologie von Erlösung kommt in diesem Psalm nicht vor. In V. 3-4 wird eine Bitte um Reinigung von Sünde formuliert:

> (3) Sei mir gnädig (חנן), Gott, nach deiner Gnade (חסד)!
> Nach der Fülle deines Erbarmens wisch ab (מחה) meine Verbrechen (פשע)!
> (4) Wasche mich ganz rein (כבס) von meiner Verkehrtheit (עון),
> und von meiner Verfehlung (חטאת) reinige mich (טהר)!

In V. 5-8 wird ein Sündenbekenntnis ausgesprochen, in V. 9-14 eine Bitte um Reinigung und Neuschaffung. Sündenvergebung wird in diesem Psalm durch Reinigungsrituale erhofft, die aus einem kultischen Kontext kommen. Gott wird gebeten, sein Angesicht vor den menschlichen Sünden zu verbergen und sie »auszulöschen«/»wegzuwischen« (מחה) (V. 3.11). Das umfassende Rettungshandeln Gottes wird mit den Wurzeln ישע (»retten«) und נצל (»herausreißen«) thematisiert (V. 14.16), aber nicht mit den konkreten Begriffen für »Erlösung«, גאל und פדה.

Die Vorstellung vom »Auslöschen« der Sünden als Bild der Sündenvergebung ist auch in anderen Zusammenhängen belegt, so z.B. in Jes 43,25-26:

> (25) Ich, ich bin es, der deine Verfehlungen wegwischt (מחה) – um meinetwillen, und an deine Sünden erinnere (זכר) ich mich nicht.
> (26) Erinnere du mich (זכר), und wir werden gemeinsam vor Gericht treten (שפט)!
> Erzähle du, damit du Recht bekommst/gerecht wirst (צדק).

Die Selbstvorstellung JHWHs betont, dass Gott die Sünden und Verfehlungen der Menschen »wegwischt/tilgt/auslöscht/für nichtig erklärt« (מחה), der Mensch

---

[37] Nach BERND JANOWSKI, Ein Gott, der straft und tötet? Zwölf Fragen zum Gottesbild des Alten Testaments, Neukirchen-Vluyn 2013, 254, ist Ps 51 »ein nachexilisches Bittgebet eines Einzelnen mit sekundärer biographischer Überschrift (V. 1f) und zionstheologischer Fortschreibung (V. 20f).« So auch ANDREAS WAGNER, Psalm 51 – Strukturen und Botschaft, in: DOMINIK HELMS U.A. (HG.), Miserere mei, Deus. Psalm 51 in Bibel und Liturgie, in Musik und Literatur, Würzburg 2015, 35-69: 66.
[38] Vgl. ERNST ÖFFNER, Psalm 51 bei Martin Luther, in: HELMS (s. Anm. 37), 269-289.
[39] Zur Sünden-Terminologie von Ps 51 vgl. die Übersicht bei WAGNER (s. Anm. 37), 40-41.

kann das nicht selbst tun. Das Auslöschen und Vertilgen ist ein radikaler Vorgang, bei dem Gott Subjekt ist.[40] Das Auslöschen der Sünden[41] steht in Jes 43,25-26 im Parallelismus zum Vergessen. Durch den chiastischen Parallelismus zwischen מחה und זכר wird die Gegensätzlichkeit der beiden Begriffe »auslöschen« und »erinnern« hervorgehoben. Das Wegwischen der Sünden ist ein Geschehen, das von Gott selbst ausgeht und zwar um seiner selbst willen. Menschliche Leistungen sind dafür nicht notwendig. Gott erinnert sich (זכר) nicht mehr an die Verfehlungen, er vergisst sie. Mit demselben Wort זכר wird Jakob/Israel in V. 26 aufgefordert, Gott zu erinnern. Es ist bemerkenswert, dass Gott hier Jakob/Israel auffordert, mit ihm gemeinsam »vor Gericht zu treten/einen Rechtsstreit zu führen« (שפט). Gott initiiert die Situation einer Gerichtsverhandlung, in der er gleichzeitig als Richter und Ankläger auftritt. Gott wird als jemand dargestellt, der um die menschliche Natur weiß und trotz der Sünden und Verfehlungen ein Beziehungsangebot macht. Inszeniert wird in diesem Text die Situation eines Rechtsstreits, die mit einem Freispruch durch Gott endet.

Die Vorstellung vom »Auslöschen« oder »Wegwischen« als Bild für Sündenvergebung wird z.B. in Jes 44,22 durch den Vergleich mit Wolken und Nebel erweitert:

Ich habe deine Verbrechen ausgelöscht (מחה) wie Nebel
und wie eine Wolke deine Sünden.
Kehre um zu mir, denn ich habe dich erlöst (גאל)!

Diese Beispiele zeigen, dass Sündenvergebung im Alten Testament mit verschiedenen Sprachbildern beschrieben wird: z.B. kultische Terminologie rund um Reinigung und Sühne oder das Bild vom Wegwischen wie eine Wolke. Damit, dass in den beiden Beispielen aus dem Deuterojesaja-Buch Jakob als Repräsentant für Israel angesprochen wird, sind die individuelle und die kollektive Ebene ineinander verschränkt. Erlösung überschneidet sich nur in einem Teilbereich mit diesen Vorstellungen und Bildern.

Es gibt aber Psalmen, in denen Erlösung mit Sündenvergebung verbunden ist, z.B. Ps 130,3-4.7-8:

(3) Wenn du, Jah, die Sünden anrechnest, Herr, wer wird bestehen?
(4) Doch bei dir ist die Vergebung, damit man dich fürchte.
(7) Harre, Israel, auf JHWH!

---

[40] So löscht er in der Flutgeschichte alle Lebewesen aus (Gen 6,7; 7,4.23), aber auch im Zusammenhang mit der Erinnerung (Ex 17,14) oder dem Namen (Dtn 9,14; 2 Kön 14,27) findet sich der Begriff des Auslöschens.
[41] In Ps 51,3.11 wird Gott um das Auslöschen der Sünden gebeten.

> Denn bei JHWH ist die Gnade, und viel Erlösung (פדות) ist bei ihm. (8) Er wird Israel erlösen (פדה) von allen seinen Sünden (עון).

In diesem Psalm formuliert der betende Mensch die umfassende Zuversicht, dass Gott Israel von allen seinen Sünden erlösen wird. Ps 130 wird der Gattung der individuellen Klagelieder zugeordnet. Während V. 1-6 singularisch formuliert sind, ist das Ende des Psalms, V. 7-8, aus der Perspektive Israels formuliert. Individuelle und kollektive Perspektive gehen also hier ineinander über.[42]

Auch im Buch der Klagelieder wird das Thema Schuld und Sünde in einer Verschränkung von individueller Ebene (z.B. in der Personifizierung der Stadtfrau Jerusalem) und kollektiver Ebene reflektiert. Fehlverhalten und Schuld gelten im gesamten Klagelieder-Buch als Ursache für die Erfahrungen von Leid nach der Zerstörung Jerusalems und des babylonischen Exils.[43] Die Vorstellung, dass nicht konkret benannte Verfehlungen des Volkes dazu geführt haben, dass sich JHWH, der als Stadtgott Jerusalem eigentlich beschützen sollte, von der Stadt abgewendet hat, begegnet immer wieder in den Klageliedern.

Im Volksklagelied Klgl 5 sind z.B. zwei unterschiedliche Perspektiven auf die eigene Schuld erkennbar. So distanzieren sich die Sprecher von Klgl 5,7 von den Sünden der Vorfahren:

> Unsere Vorfahren haben gesündigt (חטא), aber sie sind nicht mehr.
> Wir ertragen ihre Verschuldungen (עונת).

In Klgl 5,16 wird dagegen die eigene Sünde thematisiert:

> Gefallen ist die Krone unseres Kopfes.
> Wehe uns! Denn wir haben gesündigt (חטא).

In Klgl 5,16 finden sich Anklänge an die deuteronomistische Umkehrtheologie (1 Kön 8,46-50): »Das kollektive Schuldbekenntnis חטאנו ›wir haben gesündigt‹ soll nach 1Reg 8,50 zur Vergebung Gottes und damit zur Aufhebung der Notsituation führen.«[44] Mit dem Schuldbekenntnis ist die Hoffnung auf Vergebung verbunden, und darauf, dass sich JHWH für eine Verbesserung der Situation einsetzt.[45]

---

[42] Vgl. MANFRED OEMING, Das Buch der Psalmen. Psalm 90-151 (NStKAT 13/3), Stuttgart 2016, 191.

[43] Vgl. JOHAN RENKEMA, Lamentations (HCOT), Leuven 1998, 164.

[44] THOMAS WAGNER, Die Schuld der Väter (er-)tragen – Klgl 5 im Kontext exilischer Theologie, VT 62/2012, 622-635: 631; vgl. Ri 10,10.15; 1 Sam 7,6; 12,10; Jer 14.

[45] Generationenübergreifende Schuldbekenntnisse finden sich in der Hebräischen Bibel z. B. auch in Ps 106,6; Neh 9,2.

In den gesamten Klageliedern schlägt sich der Trauerprozess mehrerer Generationen nieder. Die Vielstimmigkeit unterschiedlicher Perspektiven wird bewusst als Stilmittel eingesetzt. Im vermutlich jüngsten der fünf Lieder, dem dritten Klagelied, wird in Klgl 3,39-42 über die eigene Schuld reflektiert:

> (39) Was beklagt sich[46] ein Mensch, der lebt, was beklagt sich ein Mann über seine Sünden?
> (40) Lasst uns unsere Wege prüfen und erforschen[47] und umkehren zu JHWH!
> (41) Lasst uns unser Herz zu den Händen erheben, zu Gott im Himmel!
> (42) Wir haben gesündigt (פשע) und sind widerspenstig gewesen (מרה); du hast nicht vergeben (סלח).

Am Ende von V. 42 wendet sich die kollektive Rede, das Bußgebet, in direkter Anrede an Gott. Die Selbstreflexion über die eigene Schuld ist gleichzeitig individuell und kollektiv. In ihrer Vielstimmigkeit beleuchten die Klagelieder den sog. Tun-Ergehen- oder Tat-Folge-Zusammenhang[48] aus unterschiedlichen Blickwinkeln: sie enthalten sowohl Stimmen, die ihn als notwendige Konsequenz ansehen, als auch andere, die ihn durchbrechen oder zumindest begrenzen. Die Klagelieder enthalten sowohl Stimmen, die in der Beurteilung der Schuld zwischen den Generationen unterscheiden, und solche, die die eigene Schuld thematisieren.[49]

Sündenvergebung wird also in der Hebräischen Bibel mit ganz unterschiedlicher Terminologie und Wortfeldern beschrieben, nicht nur im Zusammenhang mit Erlösung: z.B. Vergebung/Entschuldigung (סלח) oder das Auslöschen/Wegwischen von Sünden (מחה). Reflexionen über Sünde und Schuld haben nicht nur eine individuelle, sondern auch eine kollektive Dimension. Das Gemeinschaftsverhältnis zwischen Menschen und zwischen Mensch und Gott, das durch die Sünde gestört ist, kann auf verschiedene Weisen wiederhergestellt werden: durch Sündenbekenntnis, Bitte um Vergebung, Reinigungsrituale und Sühne.

---

[46] אנן hitp. kommt sonst nur noch in Num 11,1 vor und beschreibt dort das Murren der Wüstengeneration gegen Mose und JHWH: vgl. ULRICH BERGES, Klagelieder (HThKAT), Freiburg u.a.. 2002, 212.

[47] Vgl. RENKEMA (s. Anm. 43), 428: חקר (erforschen): »an inquiry into a person's disposition« – vgl. 1 Sam 20,12; Ps 139,1.23; HAL 334.

[48] Vgl. GEORG FREULING, Art. Tun-Ergehen-Zusammenhang, in: www.wibilex.de, Stuttgart 2008 (https://www.bibelwissenschaft.de/stichwort/36298/; zuletzt abgerufen am 27. 2. 2019).

[49] Vgl. MARIANNE GROHMANN, Individualität und Selbstreflexion in den Klageliedern, in: ANDREAS WAGNER/JÜRGEN VAN OORSCHOT (HG.), Individualität und Selbstreflexion in den Literaturen des Alten Testaments (VWGTh 48), Leipzig 2017, 259-277: 273-277.

6. Zur »Erlösungsbedürftigkeit« des Menschen

Ich kehre zurück zur Ausgangsfrage: Braucht der Mensch Erlösung? Und ist der Mensch in Psalmen und Klageliedern »erlösungsbedürftig«? Eine »Erlösungsbedürftigkeit« des Menschen lässt sich aus den bisher gelesenen Psalmen nicht allgemein schließen. Erlösung ist kein anthropologischer Grundbegriff, sondern sie hat im zwischenmenschlichen Zusammenleben einen ganz konkreten institutionellen Ort: eine Aktion von Loskauf bzw. Lösung, mit der Fälle von Verschuldung geregelt werden.

Gleichzeitig ist Erlösung eine Angelegenheit Gottes. Sie beschreibt Taten und Handlungsweisen Gottes und steht zum Teil im Parallelismus zu Gnade und Erbarmen Gottes (Ps 26,11). »Erlöser« wird – v.a. bei DtJes, aber auch in manchen Psalmen – zu einem Beinamen für Gott.

Der Mensch ist bedürftig, aber nicht unbedingt nach Erlösung. Er ist bedürftig, hat Sehnsucht nach konkreten Dingen wie Nahrung, Wasser, Luft und abstrakten Dingen wie Zuwendung und Gottesnähe. Ein Psalm, der diese elementare Bedürftigkeit des Menschen ausdrückt und die Rede von der »Erlösungsbedürftigkeit« geprägt hat, ist z.B. Ps 42:

> (2) Wie sich der Hirsch nach Wasserbächen verzehrt (ערג),
> so verzehrt sich (ערג) meine Seele, Gott, nach dir.
> (3) Meine Seele ist durstig (צמא) nach Gott, nach dem lebendigen Gott.
> Wann werde ich kommen und vor Gottes Angesicht erscheinen?
> (4) Was bist du gebeugt, meine Seele, und stöhnst in mir? Warte auf Gott!
> Denn ich werde ihm noch danken, der Hilfe (ישועת) seines Angesichts.

V. 6 ist ein semantisch schwieriger Vers. Die »Hilfe«, das »Heil« oder die »Rettung« / »Befreiung« / »Erlösung« des Angesichts ist im Hebräischen: יְשׁוּעוֹת פָּנָיו. In der Septuaginta wird dieser Begriff, wenigen Handschriften folgend, mit σωτήριον τοῦ προσώπου μου übersetzt, das Personalsuffix der 3. Person also zur ersten Person verändert.[50]

Kehren wir zur ursprünglichen Terminologie von גאל und פדה für Erlösung zurück, so wird damit in mehreren Psalmen die Bitte um Erlösung an Gott gerichtet, z.B. in Ps 44,27:

> Stehe auf, uns zur Hilfe, und erlöse uns (פדה) um deiner Gnade (חסד) willen!

Die Bitte um Erlösung ist mit der Gewissheit über bereits geschehene Erlösung verbunden (Ps 31,6).

---

[50] Dieser Lesart folgt z.B. auch Kraus (s. Anm.12), 471, mit der Übersetzung »denn ihm werde ich noch danken, der Hilfe meines Antlitzes und meinem Gott«.

»Erlöser« wird zu einem Gottes-Epitheton,[51] z.B. in Ps 19,15 und 78,35, jeweils verbunden mit »Fels« (צור). Ps 19,15:

> Lass die Reden meines Mundes und das Nachdenken meines Herzens wohlgefällig vor dir sein, JHWH, mein Fels (צור) und mein Erlöser (גאל)!

Die Kombination von »Fels« und »Erlöser« als Beinamen für Gott findet sich z.B. auch in Dtn 32,15:

> Er verachtete den Fels seiner Rettung.

Es ist symptomatisch, dass die Septuaginta diese Stelle personalisiert und aus dem »Fels seiner Rettung« den »Erlöser« macht. Das Bild vom »Felsen« fällt weg, und Gott wird explizit genannt: ἀπέστη ἀπὸ θεοῦ σωτῆρος αὐτοῦ (er fiel ab von Gott, seinem Retter).

Im bereits erwähnten Ps 78 wird in V. 35 mit dem Beinamen »Erlöser« die kollektive Erinnerung an das Erlösungshandeln Gottes im Exodus angesprochen:

> וַיִּזְכְּרוּ כִּי־אֱלֹהִים צוּרָם וְאֵל עֶלְיוֹן גֹּאֲלָם
> Und sie erinnerten sich (זכר) daran, dass Gott ihr Fels (צור) ist
> und Gott, der Höchste, ihr Erlöser (גאל).

In Jes und DtJes ist גאל neunmal ein Epitheton Gottes: »JHWH, der Erlöser« (Jes 31,14; 49,7-8; 43,14; 47,4; 44,6; 48,17; 49,26; 60,16): In der Situation des babylonischen Exils wird mit dem Gottesnamen »Erlöser« den Exilierten und Deportierten neue Hoffnung zugesprochen.[52] Die Befreiung aus der Gefangenschaft in Babylon wird als neuer Exodus erhofft.

Erlösung wird in Psalmen und Klageliedern ganz von Gott erwartet, erhofft und erbeten. In der Gewissheit, dass Gott in der Geschichte Erlöser war, in der Erinnerung an die Erlösungs- und Befreiungstaten Gottes gründet die Hoffnung auf menschliche Existenz als Erlöste und Befreite. Grund für umfassenden Lobpreis Gottes ist, dass Gott die durstende Seele satt macht und die hungrige Seele mit Gutem füllt (vgl. auch Ps 62,12). So heißt es z.B. in Ps 107,2.9:

> (2) So sollen sagen die Erlösten (גאל) JHWHs,
> die er aus der Hand des Feindes erlöst hat (גאל).
> (5) Hungrig waren sie und durstig, es verschmachtete in ihnen ihre Seele.

---

[51] Die Wurzel גאל kommt in folgenden Klage- und Dankliedern mit Bezug auf Gott vor: Ps 19,15; 69,19; 72,14; 74,2; 77,16; 78,35; 103,4; 106,10; 107,2; 119,154.

[52] Vgl. REINHARD FELDMEIER/HERMANN SPIECKERMANN, Der Gott der Lebendigen. Eine biblische Gotteslehre, Topoi Biblischer Theologie 1, Tübingen 2011, 62.

(6) Da schrieen sie zu JHWH in ihrer Not:
aus ihren Bedrängnissen errettete er sie (נצל).
(9) Denn er hat die durstende Seele (נפש) gesättigt,
die hungrige Seele (נפש) mit Gutem füllt.

6. SCHLUSSFOLGERUNGEN

1. Die alttestamentlichen Vorstellungen rund um Lösung und Loskauf können vielleicht zu einer »Gotteserdung« unserer Erlösungsvorstellungen beitragen: Das Bildfeld hat etwas mit verwandtschaftlicher Solidarität zu tun. Erlösung heißt, dass Gott sich im Rechtsstreit für den Menschen einsetzt.
2. Erlösung ist in Psalmen und Klageliedern Befreiung aus konkreten Notsituationen: einerseits konkrete Erinnerung an die Befreiung aus Unterdrückung in Ägypten und den Exodus und andererseits Befreiung aus allen Arten von Not und Bedrängnis, z.B. durch Feinde oder Krankheit.
3. Wird Gott als Erlöser vom Tod angesprochen, so sind damit Rettungserfahrungen diesseits (Tod im Leben) und jenseits der Todesgrenze gemeint.
4. Reflexionen über Sünde und Schuld haben nicht nur eine individuelle, sondern auch eine kollektive Dimension. Das Gemeinschaftsverhältnis zwischen Menschen und zwischen Mensch und Gott, das durch die Sünde gestört ist, kann auf verschiedene Weisen wiederhergestellt werden: durch Sündenbekenntnis, Bitte um Vergebung, Reinigungsrituale und Sühne.
5. Der Mensch wird in Psalmen und Klageliedern immer wieder als elementar »bedürftig« dargestellt: Er sehnt sich nach Wasser, Nahrung und Gottesnähe. »Erlösung« ist eine Handlungsweise Gottes. »Erlöser« wird ein Epitheton Gottes. Die Hoffnung auf Erlösung gründet in der Erinnerung an geschehene Erlösungstaten Gottes.

ERLÖSUNG

Neutestamentliche Perspektiven

Eckart Reinmuth

1. Einführung in die Themenstellung

Keine Frage – in welche der neutestamentlichen Schriften wir auch blicken: Menschliche Heilsbedürftigkeit wird stets vorausgesetzt; sie gehört zu den Grundvoraussetzungen des rettenden Handelns Gottes in der Geschichte Jesu Christi. Aus dieser Perspektive ist die Frage zu bejahen: Der Mensch braucht Erlösung.[1]

Unter pluralitätsbewussten spätmodernen Bedingungen wirkt die Fragestellung »Braucht der Mensch Erlösung?« jedoch zugleich provokant; sie setzt das Eingeweihtsein in eine bestimmte abendländische Denk- und Frömmigkeits-Tradition voraus und löst die Frage aus, ob man sie bedenkenlos bejahen darf oder sie hinterfragen und sich mit ihr auseinandersetzen soll. Absolut formulierte Aussagen nach der Art »Der Mensch braucht Erlösung«, die von der Fragestellung beabsichtigt sein mögen, sind immer gewalthaltig oder werden tendenziell zu einem gewalthaltigen Instrument der Durchsetzung und Identitätssicherung kollektiver Macht.

Zudem wäre mit Blick auf die moderne philosophische Anthropologie hinsichtlich des Singulars »der Mensch« auf eine damit angeschnittene anthropologische Grundfrage hinzuweisen: Ist »der Mensch« auch in der Hinsicht ein

---

[1] Ulrich H. J. Körtner versteht grundsätzlich »Christliche Dogmatik als soteriologische Interpretation der Wirklichkeit« (DERS., Dogmatik, Leipzig 2018, erster Hauptteil 1-112; darin {1.2.4} »Das Wort vom Kreuz als Kurzformel der soteriologischen Interpretation der Wirklichkeit«; vgl. den kursiv gesetzten Lehrsatz S.8). Erlösung sei »letztlich nur als umfassendes, die gesamte Schöpfung einbeziehendes Geschehen der *Versöhnung* zu denken, die Gott zwischen sich und dem Menschen, zwischen den Menschen untereinander sowie zwischen Mensch und Schöpfung stiftet. So ist die christliche Lehre vom Heil (Soteriologie) gleichermaßen Erlösungs- wie Versöhnungslehre.« (a.a.O., 9).

»Mängelwesen«[2], dass er »der Erlösung« bedürftig sei? Aber was wäre mit »der Mensch« gemeint?[3] Ich erinnere an Helmuth Plessners Kritik anthropologischer Abstraktion[4] und die Weiterentwicklung seiner Einsichten durch Heike Kämpf. Sie sieht im Anschluss an Plessner in der menschlichen Befähigung und Praxis der Selbstprojektion das performative Element in jeder Anthropologie.[5]

---

[2] ARNOLD GEHLEN, Der Mensch. Seine Natur und seine Stellung in der Welt, Berlin 1940 (letzte Auflagen 2009. 2016).
[3] Heike Kämpf bezeichnet die Rede von »dem« Menschen im Singular als »Ausschlusskriterium« (DIES., »So wie der Mensch sich sieht, wird er«. Überlegungen zur politischen Verantwortung der philosophischen Anthropologie im Anschluss an Helmuth Plessner, in: GERHARD GAMM, MATHIAS GUTMANN, ALEXANDRA MANZEI [HG.], Zwischen Anthropologie und Gesellschaftstheorie. Zur Renaissance Helmuth Plessners im Kontext der modernen Lebenswissenschaften, Bielefeld 2005, 217-232); sie gibt zu bedenken, dass die sich anthropologisch gebende Rede von »dem Menschen« regelmäßig einen Diskurs über »die Unmenschen« befördere. Gleichwohl müssten menschliche Gruppen »einen Begriff von sich« entwickeln können. »In dieser Zwickmühle bewegt sich die Anthropologie, die die Frage nach dem Menschen nicht aufgeben aber auch nicht beantworten kann. Vielleicht lässt sich die Aufgabe der philosophischen Anthropologie gerade darin sehen, die Unbeantwortbarkeit und Offenheit der Frage nach dem Menschen aufzuweisen und als kritisches Korrektiv in jeweils bestehende Begriffe und Definitionen des Menschen einzubringen.« (224).
[4] Vgl. dazu ANDREAS HETZEL, Der Mensch als ›Praktischer Anspruch‹. Zum Primat des Politischen in Helmuth Plessners Anthropologie, s. Anm. 3, 233-258; HEIKE KÄMPF [s. Anm. 3]; GERHARD ARLT, Anthropologie und Politik. Ein Schlüssel zum Werk Helmut Plessners, München 1996; HEIKE DELITZ, Art. Helmuth Plessner, in: Handbuch der politischen Philosophie und Sozialphilosophie, hg. v. STEFAN GOSEPATH/WILFRIED HINSCH/BEATE RÖSSLER, Berlin/New York 2008, 991f. Mit Blick auf die von Plessner systematisch thematisierte Unergründlichkeit des Menschseins vgl. OLIVIA MITSCHERLICH, Natur und Geschichte. Helmuth Plessners in sich gebrochene Lebensphilosophie, Berlin 2007; DIES., Der Mensch als Geheimnis. Helmuth Plessners Theorie des homo absconditus. Vortrag auf dem Deutschen Kongress für Philosophie in Essen (www.dgphil2008.de/fileadmin/download/Sektionsbeitraege/ 031_Mitscherlich.pdf, Zugriff 16.12.2018).
[5] Folglich gehe es darum, »die politische Verantwortung der philosophischen Anthropologie allererst thematisieren zu können: Nicht die Behauptung der Wahrheit steht daher im Vordergrund anthropologischer Aussagen, sondern die Verantwortung gegenüber den von ihr produzierten Effekten im Feld des Politischen. Weniger der Anspruch, das So-sein des Menschen zu enthüllen, ist für Plessner hier leitend, sondern viel eher die Besinnung auf die von der Anthropologie ausgehenden Effekte und Konsequenzen, die den Umgang mit dem Menschen betreffen. Anthropologische Modelle erscheinen in ihrer Funktion, Horizonte der Selbstverständigung bereitzustellen, zugleich identitätsstiftend und handlungsleitend.« (KÄMPF, s. Anm. 3, 223).

2. VORÜBERLEGUNGEN

2.1 Übersetzungsfragen

Die Bibelübersetzung Martin Luthers einschließlich der revidierten Lutherbibel von 2017 bietet mit den Stichworten »erlösen, Erlösung« eine gegenüber dem differenzierteren Sprachgebrauch der Originaltexte vereinheitlichende Tendenz. Bekannt ist z.B. die alte Lutherübersetzung »Ich weiß, dass mein Erlöser lebt« (Hiob 19,25; so auch Luther 2017!)[6] Bereits die Vulgata hatte das hebr. go-el mit redemptor[7] übersetzt. Ernst Bloch machte dagegen wirkungsvoll die ursprüngliche Bedeutung des Wortes als »Bluträcher« geltend.[8]

Die Revision der Lutherübersetzung von 2017 gibt in Übereinstimmung mit der alten Lutherübersetzung[9] ῥύομαι (retten, bewahren, schützen)[10] an mehreren Stellen einheitlich mit »erlösen« wieder (Mt 6,13; 27,43; Lk 1,74; 2 Tim 3,11).[11] Weitere Varianten sind z.B. Lk 1,68 (ἐποίησεν λύτρωσιν); Hebr 2,15 (καὶ ἀπαλλάξῃ τούτους, V: liberaret eos, Luther 2017: und die erlöste, die durch Furcht vor dem Tod im ganzen Leben Knechte sein mussten).

Im Gegenzug fällt auf, dass gerade tiefgreifende soteriologische Zusagen, die mit dem Verb ›retten‹ σώζειν in Verbindung mit ›glauben‹ πιστεύειν getroffen werden, noch in der Lutherrevision 2017 verharmlosend mit ‚helfen' o.ä. wiedergegeben werden. Vgl. z.B. Lk 7,50 »Dein Vertrauen hat dich gerettet«; übersetzt wird mit »Dein Glaube hat dir geholfen«, obwohl es eindeutig heißt ἡ πίστις σου σέσωκέν σε. Ähnliche Formulierungen als Fazit von Heilungen: Mk 5,34 (+ parr) θυγάτηρ, ἡ πίστις σου σέσωκέν σε Meine Tochter, dein Glaube hat dich gesund gemacht (Luther 2017). Mk 10,52//Lk 18,42 ἡ πίστις σου σέσωκέν σε dein Glaube hat dir geholfen (Luther 2017). Lk 17,19 ἡ πίστις σου σέσωκέν σε. dein Glaube hat dir geholfen.

---

[6] LXX deutsch: »der mich befreien wird auf der Erde« ὁ ἐκλύειν με μέλλων ἐπὶ γῆς.

[7] Redemptor in der Vulgata für λυτρωτής z.B. Ps 18,15; 77,35; für Partizipialformen von λυτρόω Jes 41,14; 43,14; 44,24; für Formen von ῥύομαι Jes 44,6 (ὁ ῥυσάμενος αὐτόν LXX dt: »der ihn errettet hat«); 47,4; 48,17; 49,7.26; 54,5.8; 59,20; weitere Formen: 60,16 (ἐγὼ κύριος ὁ σώζων σε καὶ ἐξαιρούμενός σε, V: salvans te et redemptor tuus); 63,16 (ῥῦσαι ἡμᾶς, also ein Imperativ ›rette uns‹, der in der Vulgata substantivisch transformiert wird ›redemptor noster‹). Redemptio in V wird im Neuen Testament für λύτρον (Mt 20,28; Mk 10,45), λύτρωσις (Lk 1,68; 2,38; Hebr 9,12), ἀπολύτρωσις (Lk 21,28; Röm 3,24; 8,23; 1 Kor 1,30; Eph 1,7.14; 4,30; Kol 1,14; Hebr 9,15; 11,35) und ἀντίλυτρον (1 Tim 2,6) gebraucht.

[8] ERNST BLOCH, Atheismus im Christentum. Zur Religion des Exodus und des Reichs, Ernst Bloch Gesamtausgabe, Frankfurt a.M. 1968, 148-166, 156f.

[9] FRANZ JULIUS BERNHARD, Biblische Concordanz, oder dreifaches Register über Sprüche d. heil. Schrift. Ebendas. Leipzig 1852; ²1857; ³1869.

[10] Langenscheidts Großwörterbuch Altgriechisch unter Berücksichtigung der Etymologie von H. Menge, Berlin u. a. ²⁰2001, s.v.

[11] In Gal 3,13; 4,5; 2 Petr 2,7.9 wird die alte Lutherübersetzung mit ›erlösen‹ durch die Revision von 2017 nicht beibehalten.

(Luther 2017)[12] Lk 8,50 μόνον πίστευσον, καὶ σωθήσεται. glaube nur, so wird sie gesund! (unmittelbarer Kontext zu 8,48 dein Glaube hat dir geholfen); vgl. Mk 5,36 ohne σώζειν formuliert (vgl. v34! dein Glaube hat dich gesund gemacht). Der Charakter der erzählten Heilung als Zeichenhandlung für die performativ vollzogene Rettung geht auf diese Weise verloren.

In diesem Zusammenhang ist auch darauf hinzuweisen, dass die neutestamentliche Verbindung von ›vertrauen‹ und ›gerettet werden‹ noch in der Lutherrevision von 2017 als Zusammengehörigkeit von ›glauben‹ und ›selig werden‹ interpretiert wird.[13] Ich verweise auf Lk 8,12; Apg 15,11; 16,31; Röm 1,16; 10,10; 1 Kor 1,21; 2 Tim 3,15; 1 Pt 1,5.9; Jak 2,14; vgl. ferner die Wiedergabe von ›gerettet werden‹ durch ›selig werden‹ ohne explizite Verbindung mit ›glauben‹ in Luther 2017: Mt 10,22; 19,25; Mk 16,16; Lk 13,23 u.ö.

Diese Beobachtungen sprechen für eine kirchlich vereinnahmende Exegese, die sowohl hinsichtlich der vereinheitlichenden Favorisierung des Lexems ›Erlösung, erlösen‹ gegenüber der semantischen Vielfalt der Primärtexte als auch hinsichtlich der verharmlosenden Wiedergabe soteriologischer Zusagen mit ›gerettet‹ durch ›selig werden‹ auf ein bestimmtes Frömmigkeitsbild zielt und dieses ZU STABILISIEREN sucht.[14]

---

[12] Zu dem in Lk 17,11-19 thematisierten Zusammenhang von Befreiung und Rettung vgl. ECKART REINMUTH, Anthropologie im Neuen Testament, UTB 2768, Tübingen 2006, 115-117.

[13] Dabei wird – offenbar beabsichtigt – eine semantische Nähe zum Äquivalent ›selig‹ für μακάριος hergestellt (vgl. z.B. die Übersetzung mit ›selig‹ in Mt 5,1-11; 11,6; Lk 1,45.48; 11,27f. u.ö. oder auch im Komparativ Apg 20,35). Selig ist »im christlichen Sinne« derjenige, »der sein Seelenheil im Jenseits gefunden hat« (HERMANN PAUL, Deutsches Wörterbuch, Halle/Sa. (1897) ^{8}1961, 555). Zu Wortgeschichte und semantischem Spektrum vgl. JACOB UND WILHELM GRIMM, Deutsches Wörterbuch, Bd. 10/1, Leipzig 1905 (Nachdruck 1999), 514-527.528-533.

[14] Ein solches Frömmigkeitsbild zeichnet sich in vergleichbarer Weise in der offiziellen Auskunft der EKD zum Stichwort ›Erlösung‹ ab (https://www.ekd.de/19370.htm {8.2.2019}). Sie ist einseitig eschatologisch orientiert; die Erinnerung an die »unterschiedlichen Erfahrungen, die in den Geschichten der Bibel ihre Wurzeln haben«, dient lediglich als Grundlage der Hoffnung auf das »Reich Gottes« als der »Botschaft von Jesus«. Damit wird einer gesellschafts- und politikfernen Spiritualisierung Vorschub geleistet, die die verändernde Kraft neutestamentlicher Texte verharmlost und aufs Spiel setzt. In wirkungsgeschichtlicher Hinsicht wäre zumindest das befreiungstheologische Erbe biblischer Erlösungsdiskurse zu erwähnen. Für Theologien der Befreiung ist der Begriff der »Erlösung« von entscheidender und zentraler Bedeutung, weil er nicht lediglich spirituell, sondern zugleich als unaufschiebbares Erfordernis gesellschaftlicher, ökonomischer und politischer Befreiungsprozesse verstanden wird; vgl. dazu BRUNO KERN, Theologie der Befreiung, UTB 3810, Tübingen 2013, 44-49.

Diese wenigen und nicht vollständigen Beispiele können eine der Bedingungen zeigen, wie das Stichwort ›Erlösung‹ zu einem soteriologischen Hauptwort avancieren konnte, und wie dieser Begriff zugleich tendenziell einer individualisierenden und entpolitisierten Innerlichkeitsfrömmigkeit integriert werden kann.[15]

2.2 Metapherntheoretische Bestimmung

Das Wort »Erlösung« steht also für mehr, als es mit Blick auf die Differenziertheit biblischer Texte und Kontexte abdecken kann; es ist zu einem komplexen Begriff geworden, dessen Metaphorizität und Narrativität jedoch nicht zu übersehen ist. In metapherntheoretischer Hinsicht handelt es sich genau genommen um eine Metonymie, in narratologischer Hinsicht um eine narrative Abbreviatur.

Zunächst zu dieser letzten Behauptung: Mit dem Begriff ›Erlösung‹ handelt es sich ursprünglich um keinen Begriff, sondern um einen nominalisierten Erzählinhalt, eine narrative Abbreviatur.[16] Diese Feststellung ist deshalb wichtig,

---

[15] Der katholische Theologe Aaron Langenfeld (Universität Paderborn) machte vor kurzem darauf aufmerksam, »dass eine grundlegende Entfremdung zwischen der christlichen Heils- und Erlösungslehre und dem Selbstverständnis des (post-)modernen Menschen stattgefunden hat: *Insofern schlicht nicht mehr deutlich zu sein scheint, warum und wovon der Mensch erlöst werden muss, verliert die Idee einer faktisch geschehenen Erlösung jegliche Relevanz.*« (AARON LANGENFELD, Das Schweigen brechen. Christliche Soteriologie im Kontext islamischer Theologie, Paderborn 2016, 13; alle Kursivierungen in diesem Beitrag wurden aus dem Original übernommen). »Offensichtlich zielt zumindest die traditionelle Terminologie der Erlösungslehren umfassend am Daseinsverständnis des (post-)modernen Menschen vorbei und so tut sich die grundlegende Frage auf, wie eine Botschaft der Erlösung verstanden werden soll, wenn nicht einmal klar ist, warum und wovon Erlösung überhaupt notwendig sei – warum soll also geglaubt werden, was formell und existenziell unverstanden bleibt?« (24f.)

[16] Narrative Abbreviaturen stellen in erzähltextanalytischer Hinsicht graduell variierende Sonderfälle kondensierenden Erzählens, in argumentationstheoretischer Hinsicht Argumente mit begründender, plausibilisierender, erläuternder, veranschaulichender usw. Funktion dar. Sie können im Verbund mit weiteren intertextuellen Bezugnahmen, also etwa Zitaten, explizit narrativen Elementen oder kondensierenden Wiedergaben biblischer Erzählinhalte, gebraucht werden. Vgl. zum Begriff ECKART REINMUTH, Brot-Brechen und Körper-Gemeinschaft. Herrenmahl und Gemeinde im ersten Korintherbrief, ZNT 27 (2011), 46-50; DERS., Allegorese und Intertextualität. Narrative Abbreviaturen der Adam-Geschichte bei Paulus (Röm 1,18-28), in: DERS., Neues Testament, Theologie und Gesellschaft. Hermeneutische und diskurstheoretische Reflexionen, Stuttgart 2012, 147-159; JÜRGEN STRAUB, Kann ich mich selbst erzählen – und dabei erkennen? Prinzipien und Perspektiven einer Psychologie des *Homo narrator*, in: ALEXANDRA STROHMAIER (HG.), Kultur - Wissen - Narration. Perspektiven transdisziplinärer Erzählforschung für die Kulturwissenschaften. Bielefeld 2013, 75-144, 85 Anm. 29: Narrative Abbreviaturen seien »Zeichen oder Symbole (Worte, Namen, Zahlen, Bilder, Gesten, Körpergestalten und Gesichtsausdrücke,

weil auch in der neutestamentlichen Wissenschaft die Einsicht in die Theologizität der narrativen Verfasst- oder Grundiertheit der neutestamentlichen Texte lange Zeit weitgehend unbeachtet blieb. Demgegenüber galt es als geboten, vermeintliche Begrifflichkeiten in diesen Texten im Dialog mit Begriffen der philosophisch-theologischen Traditionsbestände zu würdigen. Dies war z.B. das erklärte Anliegen von Rudolf Bultmann.[17] Demgegenüber versuche ich mit dem Begriff der narrativen Abbreviatur, die erzählerische Grundierung der anscheinend abstrakten neutestamentlichen Begrifflichkeit zu erfassen, um »das abstrakte Transzendenzdenken« unserer traditionellen theologischen Sprache zu überwinden, »genauer, religiöse Transzendenz in den Bereich wirklicher Erwartung und Erfahrung einzuholen, zurückzuholen«[18] und mich so der Vielfalt und Lebensnähe dieser Texte zu nähern.

Vor diesem Hintergrund stoßen wir erneut auf das Phänomen der begrifflichen Engführung hinsichtlich der semantischen Bedeutungsfülle der biblischen Prätexte: Das Stichwort »Erlösung« trägt anscheinend allein die Fülle der sprachlichen Möglichkeiten, die sich biblisch und neutestamentlich finden: Rettung, Herausführung, Auslösung, Schuldenerlass.

Es geht – auch unter etymologischem Gesichtspunkt – um einen metaphorischen Begriff,[19] oder genauer um eine begriffliche Metonymie: Das Wort ›Erlösung‹ steht, wenn es wie in der Leitfrage dieser Tagung exklusiv und ohne Artikel verwendet wird, für eine Vielzahl sprachlicher (nicht nur begrifflicher!) Möglichkeiten, die ihm gleichsam benachbart sind. Hinsichtlich der regelmäßig zur

---

Räume, Plätze, Bauwerke oder allerlei Dinge, usw.), die Erzählungen voraussetzen oder gleichsam ›enthalten‹. Sie blieben also ohne eine zumindest hinweisende Bezugnahme auf diese impliziten Geschichten (und ihre *zumindest mögliche* Entfaltung) schlechterdings unverständlich.«

[17] Vgl. dazu PAUL-GERHARD KLUMBIES, Narrative Kreuzestheologie bei Markus und Lukas, in: DERS., Das Markusevangelium als Erzählung, WUNT 408, Tübingen 2018, 93-110 (urspr. in: CHRISTOF LANDMESSER/ANDREAS KLEIN (HG.), Kreuz und Weltbild. Interpretationen von Wirklichkeit im Horizont des Todes Jesu, Neukirchen-Vluyn 2011, 47-65). Klumbies stellt fest: »Als Ausweis für das Vorliegen von Theologie galt Bultmann die Existenz einer entsprechenden Begrifflichkeit. Wo eine solche Begrifflichkeit vorliegt, kann man von ›Theologie‹ sprechen.« (94) Bultmann begriff Theologische Arbeit als die »begriffliche Explikation der gläubigen Existenz« (s. ebd. Anm. 1).

[18] MICHAEL WELKER, Theologische Annäherungen an die Rede vom »Ewigen Leben«, EvTheol 76 (2016), 336-344, 339.

[19] Der katholische Theologe Hermann Häring spricht von einer »Unbestimmtheit der Erlösungsmetaphorik«; sie sei »schon daraus ersichtlich, dass sich sogenannte Erlösungsreligionen gegenseitig ihr Erlösungsverständnis streitig machen, es also keine transkulturelle Klarheit über den Begriff selber gibt« (https://www.hjhaering.de/975-2/#_ftn2; Zugriff 16.12.2018).

Metonymie gehörenden Kontiguität, der Nachbarschaft im gleichen semantischen Feld, ist zu sagen, dass dies für den Begriff der Erlösung genau zutrifft.[20] Der metonymische Vertretungsanspruch des Stichwortes ›Erlösung‹ für das Gesamt der Soteriologie[21] hat frömmigkeitsgeschichtliche und Deutungsmacht-politische Gründe (s.u. 2.3).[22]

Ein unumwundenes »Ja – der Mensch braucht Erlösung« könnte also das Ergebnis eines biblizistischen Kurzschlusses sein[23] – eines Kurzschlusses, der erkennbar dazu dient, einem universalen Machtanspruch durch die pseudo-biblische Autorisierung eines leeren Signifikanten Recht zu geben und zugleich die Vertrauenswürdigkeit der öffentlichen Rede von Kirche und Theologie weiter zu unterminieren.[24]

---

[20] Harald Weinrich hat einen wichtigen Beitrag zur Definition der Metonymie, ihrer seit Aristoteles unscharfen Abgrenzung zur Metapher und Synekdoche und ihrer Bedeutung für die antike Mnemotechnik geleistet; vgl. DERS., Zur Definition der Metonymie und zu ihrer Stellung in der rhetorischen Kunst, in: ARNOLD ARENS (HG.), Text-Etymologie. Untersuchungen zu Textkörper und Textinhalt. Festschrift für Heinrich Lausberg zum 75. Geburtstag, Wiesbaden 1987, 105–110, 107ff. Unter *metonymia* findet sich im lat.-dt. Wörterbuch von Karl-Ernst Georges (DERS., Ausführliches Latein-Deutsches Handwörterbuch, Hannover [8]2010 {1880}) Bd. 2 Sp. 804 nach dem Hinweis auf das griechische Äquivalent folgende Definition: »Namenvertauschung, Namenverwechslung, eine Trope, welcher Verhältnisbegriffe, Begriffe, welche in einem natürlichen Zusammenhange stehen, füreinander setzt, um sie dadurch anschaulicher zu machen.«

[21] Der entsprechende Artikel in der RGG[4] lautet »Erlösung/Soteriologie« (Bd. 2,1441-1461). Die dritte Auflage der RGG kennt keinen eigenen Artikel zur Soteriologie. Es geht im Grunde um die Gesamtproblematik der Soteriologie; neben Erlösung umfasst die Soteriologie die Themenfelder Versöhnung und Rechtfertigung.

[22] Zuletzt machte Paul-Gerhard Klumbies erneut deutlich, dass in der theologischen Fachsprache das Stichwort »Erlösung« als Platzhalter für Soteriologie bzw. *promiskue* für entsprechende Stichworte wie »Heil« usw. verwendet werden kann (vgl. DERS., Soteriologische Wirklichkeitserschließung. Der Beitrag der synoptischen Evangelien, ThLZ 143 [2018], 859-872). Auf diese Weise wird, so ist zu befürchten, der binnensprachlichen Selbstghettoisierung gegenwärtiger protestantischer Exegese weiter Vorschub geleistet. Klumbies vermisst in den synoptischen Evangelien »Begriffe aus der Soteriologie« und stellt fest: »Statt der Substantive Gnade, Heil oder Erlösung als termini technici nimmt in den personalen Beziehungen Jesu zu anderen Menschen der Vorgang der Zuwendung breiten Raum ein.« (860).

[23] Vgl. dazu ECKART REINMUTH, Sola Scriptura. Eine neutestamentliche Anmerkung, Zeitschrift für Neues Testament (ZNT) 39/40, 2017, 159-172.

[24] »Erlösung« wäre im binnensprachlichen Bereich von Kirche und Theologie im Gefolge Jaques Lacans als die Position des leeren Signifikanten zu bezeichnen. Mit dem Begriff des leeren Signifikanten sind programmatische Leitbegriffe mit allgemeinem, möglichst universalem Anspruch gemeint, an denen sich die Identität einer konkreten Gemeinschaft

2.3 Streiflichter auf die Diskussion des Begriffs im 19. und 20. Jh.

Die Geschichte des Begriffs ›Erlösung‹ kann hier nicht nachgezeichnet werden. Wichtig für das heutige landläufige Verständnis ist vor allem die frömmigkeitsgeschichtliche Entwicklung im 19. Jahrhundert.[25] Für Schleiermacher war Erlösung »der Zentralgedanke des Christentums und dem Begriff der Versöhnung vorzuziehen.«[26] Für ihn ist Erlösung »weder Befreiung von fremden Mächten noch Versöhnung Gottes; sie ist vielmehr ein Geschehen im Menschen selbst, bei dem die bisherige Hemmung seines religiösen Bewusstseins durch die Gemeinschaft mit dem Erlöser überwunden wird.«[27]

Das soteriologische Denken wurde im Zuge der theologischen Entwicklungen im 19. Jahrhundert in eine Innerlichkeitshoffnung transformiert, die die Erlösung der Seele in einem Jenseits erwartete, ohne dass – etwa politische, gesellschaftliche oder ökonomische – Konsequenzen für das Diesseits damit verbunden waren. Nietzsches Vorwurf an das Christentum, es sei eine reine Vertröstungsreligion, hat hier eine seiner Wurzeln. In dieser Entwicklung des Erlösungsbegriffs im 19. Jahrhundert gründet auch das religionswissenschaftliche Verständnis des Christentums als Erlösungsreligion.

Otto Pfleiderer führte 1878 den Begriff der Erlösungsreligion wissenschaftlich ein, und zwar im Gegensatz zum Konstrukt einer Gesetzesreligion.[28] Die dritte Auflage der RGG enthält noch einen eigenen Artikel »Erlösungsreligionen«;[29] das Christentum gilt hier zusammen mit dem Mahayana-Buddhismus und dem Bhakti-Hinduismus als »Erlösungsreligion [...] schlechthin«.[30] Christiane Tietz ordnet 50 Jahre später in Vandenhoecks Taschenlexikon Religion und Theologie das Christentum ebenfalls unter die »Erlösungsreligionen« und wendet

---

orientiert. Es geht dabei um Begriffe »von äußerster Allgemeinheit wie ›Freiheit‹, ›Gerechtigkeit‹, ›Moral‹, ›Ordnung‹, ›Flexibilität‹, die eine Art ›imaginärer Einheit‹ suggerieren. Entscheidend ist, dass in kulturellen Hegemonien versucht wird, die Partikularität einer bestimmten Innen-Außen-Differenz und einer sich daraus ergebenden kollektiven Identität als Universalität zu präsentieren: als eine scheinbare Notwendigkeit und Allgemeingültigkeit, die gewissermaßen ohne ein alternatives ›Außen‹ auskommt.« (ANDREAS RECKWITZ, Die Politik der Moderne aus kulturtheoretischer Perspektive: Vorpolitische Sinnhorizonte des Politischen, symbolische Antagonismen und das Regime der Gouvernementalität, in: BIRGIT SCHWELLING (HG.), Politikwissenschaft als Kulturwissenschaft. Theorien, Methoden, Problemstellungen, Wiesbaden 2004, 33-56, 43).

[25] Vgl. CLAUS-DIETER OSTHÖVENER, Erlösung. Transformation einer Idee im 19. Jahrhundert, BHTh 128, Tübingen 2004.

[26] OSTHÖVENER (s. Anm. 25), 310.

[27] Ebd.

[28] OTTO PFLEIDERER, Religionsphilosophie auf geschichtlicher Grundlage, Berlin 1878, 725.

[29] FRITZ BAMMEL, RGG³ Bd. 2 (1958), 599f.

[30] BAMMEL (s. Anm. 29), 599.

den Begriff in gleicher Weise auf indische u.a. Religionen an.[31] Dabei wird weder deutlich, dass dieser ursprünglich christlich konstruierte Begriff anderen Religionen übergestülpt wird (Hinduismus, Buddhismus, Islam),[32] noch dass er im überbietenden Gegensatz zum Konstrukt einer ›Gesetzesreligion‹ entstand, für die idealtypisch das Judentum herhalten musste.

Rudolf Bultmann hat das Christentum als Erlösungsreligion verstanden. In seinen der eigentlichen Vorlesung am 2. Mai 1933 vorangestellten Überlegungen »Die Aufgabe der Theologie in der gegenwärtigen Situation« formulierte Bultmann bündig: »Die Erlösung durch Jesus Christus bedeutet die Vergebung der Sünde durch die Offenbarung der Liebe Gottes, und sie bedeutet deshalb die Befreiung des Menschen zur Liebe.«[33] Für ihn war der Vergleich mit der »Gnosis« ausschlaggebend.[34] In einem Beitrag für die Zeitschrift Universitas von 1961[35] weist Bultmann darauf hin, dass »die Anfangsgeschichte des Christentums [...] unter dem Einfluss der Gnosis« stehe; man könne »bis zu einem gewissen Grade [...] den Kampf gegen die Gnosis geradezu als das Thema der alten Kirchengeschichte bezeichnen, und zwar als den Kampf gegen die Gnosis im eigenen christlichen Raum«.[36] Bultmann bezeichnete »die Gnosis« als eine »ihrem Wesen nach [...] dualistische Erlösungsreligion«, und er begründete diese Einschätzung mit Hinweis auf den »gnostischen Mythos«, dessen zentrales Erzählmotiv auf die

---

[31] CHRISTIANE TIETZ, Art. Erlösung, in: FRIEDRICH WILHELM HORN, FRIEDERIKE NÜSSEL (HG.), Taschenlexikon Religion und Theologie, Fünfte, völlig neu bearbeitete und erweiterte Auflage Bd. 1, Göttingen 2008, 306-311, 307.

[32] Zur Diskussion um das Christentum als Erlösungsreligion (Schleiermacher, Troeltsch, Sundermeier) vgl. ROCHUS LEONHARDT, Vollkommenheit und Vollendung. Theologiegeschichtliche Anmerkungen zum Verständnis des Christentums als Erlösungsreligion, ZThK 113 (2016), 29-58, 29ff.

[33] RUDOLF BULTMANN, Die Aufgabe der Theologie in der gegenwärtigen Situation, in: DERS., Neues Testament und christliche Existenz. Theologische Aufsätze, ausgewählt, eingeleitet und herausgegeben von Andreas Lindemann, UTB 2316, Tübingen 2002, 172-180, 177.

[34] In seinem für eine breite Öffentlichkeit geschriebenen Buch ›Das Urchristentum im Rahmen der antiken Religionen‹ (1949) geht es Bultmann v.a. in Kap. 5 um das Urchristentum als »synkretistisches Phänomen«; ab S. 195 geht es um die »Erlösung«; vgl. spez. 218-233 »Die Erlösung«. Bultmann schreibt einleitend: »Die Erlösung – darin stimmen Urchristentum und Gnosis überein – kann nur ein von der göttlichen Welt her geschehendes, am Menschen sich vollziehendes Ereignis sein.« (218) Der gesamte Text bietet einen Vergleich zwischen den soteriologischen Anschauungen der neutestamentlichen Schriftkomplexe und der »Gnosis«. Vgl. RUDOLF BULTMANN, Neues Testament und Mythologie, in: H. W. BARTSCH (HG.), Kerygma und Mythos. Ein theologisches Gespräch, Hamburg 1951, 15-48, 26.30.

[35] RUDOLF BULTMANN, Optimismus und Pessimismus in Antike und Christentum, Universitas 16 1961, 811-833, jetzt in DERS., Gesammelte Aufsätze, Berlin 1973, 318-339.

[36] Zit. nach: RUDOLF BULTMANN, Gesammelte Aufsätze, Berlin 1973, 332.

Erlösung des irdisch gefangenen Innersten des Menschen abzielt, »die ein von der höchsten Gottheit entsandter Erlöser bringt.«[37] In seinem Aufsatz »Anknüpfung und Widerspruch« von 1946 skizziert Bultmann wesentliche Unterschiede zwischen »Gnosis« und christlichem Glauben, die v.a. in einem unterschiedlichen Verständnis von Erlösung sichtbar würden. Statt »Schicksal« geht es um »Schuld«, statt um »fremde Mächte« um »den eigenen Willen« und die Folgen »der eigenen Empörung«.[38]

Bultmanns Position ist zunehmend kritisch in Frage gestellt worden. »Wesentlicher Zielpunkt der Kritik ist dabei die von R. Bultmann noch fraglos vorausgesetzte religionsgeschichtliche Hypothese eines (vorchristlichen!) ›Erlösermythos‹ bzw. eines Mythos vom ›Erlösten Erlöser‹.«[39]

Beim Thema ›Erlösung‹ ist neben Rudolf Bultmann auch Ernst Lohmeyer zu erwähnen – beide wurden auf dem deutschen Theologentag 1928, nachdem der damals 38jährige Ernst Lohmeyer (Bultmann war 44 Jahre alt) vor der Vollversammlung seinen Vortrag zum Begriff der Erlösung im Urchristentum gehalten hatte,[40] herb kritisiert. Nach der Dokumentation der anschließenden Diskussion sagte z.B. Hans Windisch (damals Leiden): »Ich bin mit Bultmann einig, daß Lohm. eine großartige Konstruktion gegeben hat. Aber auch Bultmanns Erörterung ist Konstruktion. Beide sind Vertreter einer für Deutschland bezeichnenden Strömung, die Exegese und Spekulation zusammenbindet.«[41]

Lohmeyer hatte das Wort »Erlöst-sein« mit »Abgelöst-sein« wiedergegeben: »Glaube ist dann nichts anderes als Erlösung; er ist es als die göttliche Tat, die den Glauben schafft und begründet.«[42] Lohmeyer griff damit die elementare Formulierung Heinrich Hermelinks, seines Vorredners vom Vortage (10.10.1928) auf, der in seinem Beitrag »Der christliche Erlösungsgedanke bei Luther«[43] mit

---

[37] BULTMANN (s. Anm. 36), 327f. Ausführlicher hatte Bultmann diese Überzeugung bereits in »Das Urchristentum im Rahmen der antiken Religionen« (Zürich 1949), ²1954, 176-187 dargelegt.

[38] BULTMANN (s. Anm. 33), 207-222, 221f.

[39] HANS-FRIEDRICH WEISS, Frühes Christentum und Gnosis, WUNT 225, Tübingen 2008, 5f.

[40] ERNST LOHMEYER, Der Begriff der Erlösung im Urchristentum, in: EMIL PFENNIGSDORF (HG.), Der Erlösungsgedanke. Bericht über den 2. dt. Theologentag in Frankfurt a.M. (Herbst 1928), Deutsche Theologie Zweiter Band, Göttingen 1929, 22-45.

[41] LOHMEYER (s. Anm. 40), 48. Zur philosophischen Orientierung Lohmeyers im Dialog mit Richard Hönigswald vgl. ULRICH HUTTER-WOLANDT, Ernst Lohmeyer und Richard Hönigswald. Um die Wissenschaftlichkeit neutestamentlicher Exegese, in: ERNST W. ORTH, DARIUSZ ALEKSANDROWICZ (HG.), Studien zur Philosophie Richard Hönigswalds, Studien und Materialien zum Neukantianismus Bd. 7, Würzburg 1996, 205-230; jetzt in: ULRICH HUTTER-WOLANDT (HG.), Glaubenswelten. Aufsätze zur schlesischen und Oberlausitzer Kirchengeschichte, Bonn 2011, 117-136.

[42] LOHMEYER (s. Anm. 40), 22.

[43] LOHMEYER (s. Anm. 40), 7-12.

Blick auf das »Wohin der Erlösung« festgestellt hatte: »Erlöst wird der Christ zum Glauben.«[44]

Lohmeyer macht einführend darauf aufmerksam, dass sich »das Wort ›Erlösung‹ (d.h. die Bildungen aus dem griechischen Wurzelwort λύτρον) nur an ganz wenigen Stellen« im Neuen Testament finde (a.a.O. 22). Er nimmt »Synonyma des Wortes wie retten, befreien, lösen« hinzu und weist darauf hin, dass manche Formulierungen der Lutherbibel »Erlösung, erlösen« an Stellen eintragen, wo sich kein entsprechendes Äquivalent findet (wie etwa die Bitte des Vaterunsers: erlöse uns von dem Bösen {a.a.O. 23}; s. die Beobachtungen oben). Lohmeyer mahnt immer wieder die jüdischen Wurzeln neutestamentlicher Schriften und der Erlösungs- wie Reich-Gottesvorstellungen an und betont, »dass der Gedanke der Erlösung, [...] in urchristlicher Zeit sich nicht zu einem klaren Begriff und einheitlichen Wort verdichtet hat. Aber wenn auch der Ausdruck zu fehlen scheint, so ist doch Sinn und Sache an allen Orten um so reicher gegeben. Denn ist nicht jedes Wort des Neuen Testamentes vom Heil und Heilande des Glaubens durch diese Sache bestimmt, ist nicht der Gedanke der Sündenvergebung, das heilige Herz aller urchristlichen Glaubensgedanken, eines und dasselbe wie der Gedanke der Erlösung, ist nicht die das ganze Urchristentum tragende Gewissheit und Sehnsucht, dass Christus kommen werde, ein klarer Ausdruck auch der Gewissheit und Sehnsucht, dass die Gläubigen erlöst sind oder erlöst werden?« (a.a.O. 23)

Karl Barth bevorzugte dann für seine Soteriologie den Begriff der Versöhnung und reservierte den Begriff Erlösung für die eschatologische Erlösung – und zwar, ohne irgendwelche kritisch-methodischen Begründungen dafür zu geben.

---

[44] LOHMEYER (s. Anm. 40), 8 (im Orig. gesperrt).

Bonhoeffer verwahrte sich gegen Erlösungs-Vorstellungen, die in ein Jenseits vertrösten würden.[45] Es gehe um die Erlösung zu einem Leben im Diesseits vor Gott.[46] Dazu später.

Für die philosophisch in der Moderne behauptete Universalität menschlicher Erlösungsbedürftigkeit lässt sich auf Bultmanns (1884-1976) Zeitgenossen Theodor W. Adorno (1903-1969) verweisen. Beide haben, soweit ich sehe, nicht explizit Notiz voneinander genommen. Für Adorno war die sich als Auseinandersetzung des Menschen mit der Natur gestaltende Totalität der Geschichte »ein

---

[45] Dietrich Bonhoeffer hat sich in einem Brief an Eberhard Bethge Ende Juni 1944 über die Frage geäußert, dass »der Glaube des A.T.« im Unterschied zum Christentum keine Erlösungsreligion sei, weil die dort erhoffte Erlösung stets als eine geschichtlich-diesseitige verstanden werde. Aber: »Liegt darin nicht ein kardinaler Fehler, durch den Christus vom A.T. getrennt und von den Erlösungsmythen her interpretiert wird? ... Nun sagt man, das Entscheidende sei, dass im Christentum die Auferstehungshoffnung verkündigt würde, und dass also damit eine echte Erlösungsreligion entstanden sei. Das Schwergewicht fällt nun auf das Jenseits der Todesgrenze. Und eben darin sehe ich den Fehler und die Gefahr. Erlösung heißt nun Erlösung aus Sorgen, Nöten, Ängsten und Sehnsüchten, aus Sünde und Tod in einem besseren Jenseits. Sollte dies aber wirklich das Wesentliche der Christusverkündigung der Evangelien und des Paulus sein? Ich bestreite das. Die Christliche Auferstehungshoffnung unterscheidet sich von der mythologischen darin, dass sie den Menschen in ganz neuer und gegenüber dem A.T. noch verschärfter Weise an sein Leben auf der Erde verweist. Der Christ hat nicht wie die Gläubigen der Erlösungsmythen aus den irdischen Aufgaben und Schwierigkeiten immer noch eine letzte Ausflucht ins Ewige, sondern er muß das irdische Leben wie Christus (›mein Gott, warum hast Du mich verlassen?‹) ganz auskosten und nur indem er das tut, ist der Gekreuzigte und Auferstandene bei ihm und ist er mit Christus gekreuzigt und auferstanden. Das Diesseits darf nicht vorzeitig aufgehoben werden. Darin bleiben Neues und Altes Testament verbunden.« (DIETRICH BONHOEFFER, Widerstand und Ergebung. Briefe und Aufzeichnungen aus der Haft, hg. von EBERHARD BETHGE, München 1985, 368f., Brief vom 27.6.1944).

[46] TOBIAS SCHULTE, »Erlöst ist, wer an Christus glaubt« Rechtfertigung und Erlösung in der späten Theologie Dietrich Bonhoeffers, EvTheol 74 (2014), 273-291, weist darauf hin, »dass Bonhoeffer das Heilshandeln Gottes nicht auf die Erlösung des Menschen von der Sünde reduziert.« (290); für Bonhoeffer gründe die »Erlösungsbedürftigkeit« des Menschen v.a. in seiner Autonomie (289).

universaler Schuldzusammenhang«,⁴⁷ der nicht durch menschliche Rettungsbemühungen zu überwinden ist.⁴⁸ Vor diesem Hintergrund finden sich bei Adorno Äußerungen, die eine geschichtsphilosophisch und eschatologisch formulierte

---

⁴⁷ MARKUS KNAPP, Die Erbsündenlehre als Aspekt einer Theologie der Geschichte, in: GEORG ESSEN, CHRISTIAN FREVEL (HG.), Theologie der Geschichte – Geschichte der Theologie, QD 294, Freiburg/Basel/Wien 2018, 168-188, 179. Der von Markus Knapp vorgelegte Versuch einer Analogiebildung zur katholischen Erbsündenlehre kann nicht überzeugen. Wird diese gleichsam universalgeschichtlich bzw. geschichtstheologisch verteidigt, führt das zu einer Auffassung, die das rettende Handeln Gottes in der Geschichte Jesu Christi zu einem letztlich auf die Verlorenheit der Welt reagierenden Handeln werden lässt. Eine neutestamentliche Passage wie Gal 4,4 wäre damit gründlich missverstanden. Gottes Existenz wird in der Folge zu einem Erfordernis, über das vermeintlich die christliche Rede von Gott plausibilisiert werden kann. Vgl. in dieser Hinsicht HOLM TETENS, Der Gott der Philosophen. Ein Versuch über Rationale Theologie, Stuttgart 2015, 40: »Dieser Gott muss der Gott einer Heilszusage sein. Ein Gott der Philosophen nach dem Ende einer Hegemonie des Naturalismus muss ein Erlösergott sein.« Zum philosophischen Plädoyer von Tetens »für die Vernünftigkeit des Glaubens an einen Erlösergott« in Verbindung mit der »Theodizeefrage« vgl. RAPHAEL WEICHLEIN, »... und erlöse uns von dem Bösen«. Skizzen einer rationalen Soteriologie im Anschluss an Holm Tetens, ThPh 92 (2017) 78-99. Weichlein stimmt Tetens darin zu, dass es ein Gebot der praktischen Vernunft sei, auf einen Erlösergott zu hoffen (88f.).
⁴⁸ THEODOR W. ADORNO, Negative Dialektik, Ges. Schriften Bd. 6, Frankfurt a.M. ⁴1990, 345ff; vgl. EDGAR THAIDIGSMANN, Der Blick der Erlösung: Zu Adornos letztem Aphorismus in den ›Minima Moralia‹, ZThK 81 (1984), 491-513. Thaidigsmann interpretiert Adornos Text im Kontext von Kierkegaard und Benjamin (494-503), um seine theologische Intention und ihre Dialektik zu erfassen (508), und er insistiert gegenüber Adorno auf der Prävalenz der Erlösung (512f).

Erlösungshoffnung formulieren.[49] Ich erinnere lediglich an den letzten Aphorismus am Schluss der *minima moralia*:[50] »Philosophie, wie sie im Angesicht der Verzweiflung einzig noch zu verantworten ist, wäre der Versuch, alle Dinge so zu betrachten, wie sie vom Standpunkt der Erlösung aus sich darstellten. Erkenntnis hat kein Licht, als das von der Erlösung her auf die Welt scheint: alles andere erschöpft sich in der Nachkonstruktion und bleibt ein Stück Technik. Perspektiven müssten hergestellt werden, in denen die Welt ähnlich sich versetzt, verfremdet, ihre Risse und Schründe offenbart, wie sie einmal als bedürftig und entstellt im Messianischen Lichte daliegen wird.«

In theologischer Perspektive enthält jedes Reden über Erlösung eine anthropologische Entscheidungsfrage. Allein an der Frage, wovon oder woraus wir erlöst werden sollen oder wollen, entscheidet sich die Semantik von Erlösung. Die Skala reicht von uneigentlichen oder ironischen Bedeutungen über unentrinnbare Schuldverstrickungen (wie etwa bei Paulus) bis hin zu Aspekten des Absurden wie bei Camus oder Sartre oder einer Perspektive, die mein je individuelles Dasein als schuldhaft begreift, weil es nicht ohne Schuld (der Verdrängung, der Aggression, der Konsumtion, der Zerstörung, des Verbrauchens {zerstören um zu konsumieren} usw. – hier mag man an die Alternative zwischen der Befriedung durch Konsum {panem et circenses} vs. Erlösung daraus denken) möglich ist. Christliche Tradition hat ›den Menschen‹ jedoch seit der Genesis als ›sich selbst und Gott entfremdet‹ gesehen – eine Grundproblematik, von der er sich gerade nicht selbst befreien kann. Hier siedelt die Bitte um, die Hoffnung auf, die Gewissheit der geschehenen Erlösung. Judith Butler hat in ihrer Kritik der ethischen

---

[49] Zur ontologischen Unmöglichkeit der als Möglichkeit zu denkenden Erlösung bei Adorno vgl. EMIL ANGEHRN, Kritik und Versöhnung. Zur Konstellation Negativer Dialektik bei Adorno, in: GEORG KOHLER, STEFAN MÜLLER-DOOHM (HG.), Wozu Adorno? Beiträge zur Kritik und zum Fortbestand einer Schlüsseltheorie des 20. Jahrhunderts, Weilerswist 2008, 267-291, 269. Den Versuch einer Systematisierung mit Blick auf Adornos Philosophie unternimmt HERBERT HRACHOVEC, Was läßt sich von Erlösung denken? Gedanken von und über Th. W. Adornos Philosophie, in: Philosophisches Jahrbuch 83 (1976), 357-370. Einen instruktiven Überblick zum Zusammenhang von Theologie und Messianismus im Werk Adornos gibt MICHA BRUMLIK, Art. Theologie und Messianismus, in: RICHARD KLEIN, JOHANN KREUZER, STEFAN MÜLLER-DOOHM (HG.), Adorno Handbuch. Leben – Werk – Wirkung, Stuttgart/Weimar 2011, 295-310, spez. 303-306.

[50] THEODOR W. ADORNO, Minima Moralia. Reflexionen aus dem beschädigten Leben, Frankfurt am Main 1970, 333f. Dieser Aphorismus 153 endet mit Worten, die ihrerseits die Gebotenheit des Gedankens als Möglichkeit im Horizont ihrer Unmöglichkeit zum Ausdruck bringen: »Selbst seine eigene Unmöglichkeit muss er noch begreifen um der Möglichkeit willen. Gegenüber der Forderung, die damit an ihn ergeht, ist aber die Frage nach der Wirklichkeit oder Unwirklichkeit der Erlösung fast gleichgültig.« (334)

Gewalt wesentliche Aspekte der Selbstentzogenheit und ihrer ethischen Bedeutung thematisiert.[51] Von Erlösung bzw. Rettung ist immer da zu sprechen, wo ich mich selbst nicht befreien kann. Wir nehmen unsere Verstrickungen und Selbstverstricktheiten wie selbstverständlich hin. Nur selten überfällt uns eine Ahnung, wie es anders sein könnte, sein müsste. Aber uns sind die Hände gebunden. Die Denkgewohnheiten. Wir nehmen vieles hin, obwohl wir wissen, wie falsch es ist. Wir können nichts ändern. Und wo wir alternatives Verhalten üben, ändern wir die Falschheit des Ganzen nur minimal und profitieren weiter von ihr. Christliches Reden von Erlösung wäre jedoch verfehlt, wenn all diese Eindrücke, anthropologischen Analysen und Phänomene zur Behauptung einer menschlichen Erlösungsbedürftigkeit führen würden, die gleichsam beweishaft das prävalente Rettungshandeln Gottes erfordern könnte. Die Texte des Neuen Testaments sprechen von diesem Handeln als ganz in der unvorhersehbaren, unableitbaren Initiative Gottes liegend, die sich in der konkreten und kontingenten Geschichte Jesu Christi verwirklicht.[52]

3. Eschatologische und präsentische Erlösung im Neuen Testament – exemplarische Texte

Eingedenk der oben skizzierten Vorgeschichten des Begriffs ›Erlösung‹ müsste es mit den neutestamentlichen Perspektiven zum Thema um ein größeres Spektrum soteriologischer Perspektiven im Neuen Testament gehen. Ich verweise zunächst anhand exemplarischer Texte für das Stichwort ›Erlösung‹ auf die Verbindung von eschatologischer und präsentischer Dimension, ohne die gesamte Bandbreite von Auslösung, Rettung, Schuldtilgung usw. vorzuführen.

Vorausgesetzt wird dabei der ursprünglich politische Sinn der biblischen Erlösungsmetaphern. Wie so viele religiöse Metaphern stammt auch das griechische Stichwort für ›Erlösung‹ ursprünglich aus dem politischen bzw. ökonomischen Bereich: Sklaven, z.B. Kriegsgefangene oder ›Schuldsklaven‹, die durch Verschuldung in Sklaverei geraten waren, konnten freigekauft werden, wenn sich jemand oder eine Gruppe (z.B. eine jüdische Diaspora-Gemeinde) dazu bereitfand und über die entsprechenden Mittel verfügte (vgl. Lev 25 und das konkrete Bsp. Jer 32,6-15 [Ackerkauf]; für die Wurzel padah Ex 21,8; Lev 19,20).

---

[51] Vgl. dazu Eckart Reinmuth, Subjekt werden. Zur Konstruktion narrativer Identität bei Paulus, Johannes und Matthäus, in: Ders. (Hg.), Subjekt werden. Neutestamentliche Perspektiven und politische Theorie, TBT 162, Berlin/Boston/Peking 2013, 251-284.
[52] Vgl. dazu Eckart Reinmuth, Gründe erzählen. Ein Beitrag zur narrativen Argumentation im Neuen Testament und antiken Judentum, in: Christiane Reitz, Anke Walter (Hg.), Von Ursachen sprechen. Eine aitiologische Spurensuche, Spudasmata 162, Hildesheim/Zürich/New York 2014, 163-190.

Und bereits im Alten Testament wird dieser Umstand mitsamt den entsprechenden Worten (ga´al, padah) auf das befreiende Handeln Gottes bezogen: Gott hat Israel aus Ägypten freigekauft: Dt 7,8; 9,26; 13,6 u.ö.; er ist der Erlöser Israels Jes 41,14; 43,14; 44,6 u.ö., aber auch des einzelnen Menschen Ps 69,19; 103,4; 119,154 u.ö.; er erlöst aus der ägyptischen Sklaverei wie aus der babylonischen Gefangenschaft und überhaupt aus jeglicher Gefangenschaft Ps 31,6; 55,19; 69,19 u.ö., aus falscher Anschuldigung (Ps 26,11; vgl. die Susanna-Geschichte), aus der Nähe des Todes (Hos 13,14; Ps 103,4).

Dabei ist die metaphern-theoretische Regel zu beachten, dass sich der ursprüngliche Sinn des Wortes auch in seiner ›religiösen‹ Verwendung durchhält. Anschauliche Belege finden wir – neben z.B. Hebr 11,35 (hier wird ἀπολύτρωσις als Freilassung verstanden)⁵³ im lukanischen Doppelwerk; vgl. Lk 1,68 Εὐλογητὸς κύριος ὁ θεὸς τοῦ Ἰσραήλ, ὅτι ἐπεσκέψατο καὶ ἐποίησεν λύτρωσιν τῷ λαῷ αὐτοῦ, Gelobt sei der Herr, der Gott Israels! Denn er hat besucht und erlöst sein Volk. Das Wort λύτρωσις wird hier auch im politischen Sinne gebraucht. Vgl. auch Lk 2,38 Die Prophetin Hanna trat auch hinzu zu derselben Stunde und pries Gott und redete von ihm zu allen, die auf die Erlösung Jerusalems warteten. πᾶσιν τοῖς προσδεχομένοις λύτρωσιν Ἰερουσαλήμ. Die Emmausjünger teilen dem mit ihnen wandernden Fremden, den sie später als den Herrn erkennen werden, mit, worüber sie sich unterhalten haben (Lk 24,21): ἡμεῖς δὲ ἠλπίζομεν ὅτι αὐτός ἐστιν ὁ μέλλων λυτροῦσθαι τὸν Ἰσραήλ· Wir aber hofften, er sei es, der Israel erlösen werde. Ähnliches lässt sich Apg 1,6-9 entnehmen. Die Frage steht im Raum, ob der Auferstandene jetzt »die Königsherrschaft für Israel wieder errichten werde« (κύριε, εἰ ἐν τῷ χρόνῳ τούτῳ ἀποκαθιστάνεις τὴν βασιλείαν τῷ Ἰσραήλ;); in der Antwort geht es demgegenüber um die Zusage, ausgerüstet mit der Kraft des Heiligen Geistes Zeugen zu sein in Jerusalem und ganz Judäa und Samaria bis an das Ende der Welt. Lukas bietet eine weltweite Perspektive gegenüber der politisch-religiösen Hoffnung auf Wiederherstellung Jerusalems/Israels auf.⁵⁴ Er kennt zugleich die übertragene

---

⁵³ Hebr 11,35 »Frauen haben ihre Toten durch Auferstehung wiederbekommen. Andere aber sind gemartert (gerädert, von Tympanon die Pauke, aber auch ein – unbekanntes, vgl. 2 Makk 6,19.28 – Folterinstrument, also zu Tode prügeln, foltern) worden und haben die Freilassung (wörtl. die Auslösung – hier lediglich alltagssprachlicher Gebrauch von ἀπολύτρωσις) nicht angenommen, damit sie die Auferstehung, die besser ist, erlangten.« Ἔλαβον γυναῖκες ἐξ ἀναστάσεως τοὺς νεκροὺς αὐτῶν· ἄλλοι δὲ ἐτυμπανίσθησαν οὐ προσδεξάμενοι τὴν ἀπολύτρωσιν, ἵνα κρείττονος ἀναστάσεως τύχωσιν·

⁵⁴ Der Untergang Jerusalems wird im Lukasevangelium viermal angekündigt: Lk 13,31-35; 19,42-48; 21,20-24; 23,27-31. Mit dem Auftreten Jesu ist das Heil Gottes (Lk 3,6) nicht mehr nur als Verheißung für die Zukunft gegeben, sondern gegenwärtig geworden im Hier und Jetzt derer, von denen erzählt werden kann (Lk 2,11; 4,21; 5,26; 19,9.42; 23,43). Mit dem Stichwort ›Heil‹ ist ein für Lukas sehr wichtiges Wort genannt; er legt auf den Begriff des Heils mehr Gewicht als die anderen Evangelisten: mehr als 30x ist das Verb σῴζειν im

eschatologische Bedeutung: Das Wort »Erlösung« (ἀπολύτρωσις) findet sich am Ende des apokalyptischen Textes Lk 2,28 (seht auf und erhebt eure Häupter, weil sich eure Erlösung naht).

Für die Verbindung von eschatologischer und präsentischer Dimension verweise ich mit Paulus, dem Epheser- und dem Hebräerbrief auf wenige exemplarische Belege: Die »Auslösung des Leibes«, von der Paulus Röm 8,23 spricht, wird als künftige erwartet.[55] Aber für Paulus ist die Erlösung als bereits geschehene zugleich gegenwärtig; vgl. Röm 3,24;[56] 1 Kor 1,30 (Ihn, den Gekreuzigten, hat Gott für uns zur Weisheit gemacht, zur Gerechtigkeit, zur Heiligung und Auslösung);[57] 6,11.[58]

Gleiches gilt für den Epheserbrief.[59] Noch entschiedener als im Kolosserbrief, den der pseudonyme Autor des Epheserbriefs kannte, werden Glaubensaussagen

---

Doppelwerk gebraucht, 10x σωτηρία, 3x σωτήριον, 3x σωτήρ für Jesus (Lk 2,11; Act 5,31; 13,23).

[55] οὐ μόνον δέ, ἀλλὰ καὶ αὐτοὶ τὴν ἀπαρχὴν τοῦ πνεύματος ἔχοντες, ἡμεῖς καὶ αὐτοὶ ἐν ἑαυτοῖς στενάζομεν υἱοθεσίαν ἀπεκδεχόμενοι, τὴν ἀπολύτρωσιν τοῦ σώματος ἡμῶν - auch wir selbst, die wir den Geist als Erstlingsgabe haben, seufzen in uns selbst und sehnen uns nach der Kindschaft, der Erlösung unseres Leibes (Luther 2017).

[56] δικαιούμενοι δωρεὰν τῇ αὐτοῦ χάριτι διὰ τῆς ἀπολυτρώσεως τῆς ἐν Χριστῷ Ἰησοῦ sie werden ohne Verdienst gerecht aus seiner Gnade durch die Erlösung, die durch Christus Jesus geschehen ist (Luther 2017 - wörtlich muss es heißen: gerecht gesprochen aufgrund der Auslösung...).

[57] Dabei ist zu berücksichtigen, dass ein modernes, von aller Rechenschaftspflicht entbindendes Erlösungsverständnis nach Paulus unsinnig wäre; vgl. dazu jetzt CHRISTIAN STETTLER, Das Endgericht bei Paulus. Framesemantische und exegetische Studien zur paulinischen Eschatologie und Soteriologie, WUNT 371, Tübingen 2017. Stettler hat daran erinnert und methodisch begründet, »dass die Endgerichtserwartung ein konstitutives Element in der paulinischen Soteriologie darstellt, ohne die wir die Rechtfertigungsaussagen des Paulus nicht angemessen verstehen können. Im Endgericht geht es nach Paulus um die Beurteilung des Handelns der Menschen; Maßstab ist die Tora, wie sie vom Messias Jesus für den neuen Bund transformiert wurde und wie sie kraft des Geistes Gottes von den Glaubenden praktiziert wird.« (285).

[58] Und solche sind einige von euch gewesen. Aber ihr seid reingewaschen, ihr seid geheiligt, ihr seid gerecht geworden durch den Namen des Herrn Jesus Christus und durch den Geist unseres Gottes. ἀλλ᾽ ἀπελούσασθε, ἀλλ᾽ ἡγιάσθητε, ἀλλ᾽ ἐδικαιώθητε...

[59] Vgl. z.B. Eph 1,7-10: In ihm haben wir die Erlösung durch sein Blut, die Vergebung der Sünden, nach dem Reichtum seiner Gnade, die er uns reichlich hat widerfahren lassen in aller Weisheit und Klugheit. Denn Gott hat uns wissen lassen das Geheimnis seines Willens nach seinem Ratschluss, den er zuvor in Christus gefasst hatte, um ihn auszuführen, wenn die Zeit erfüllt wäre, dass alles zusammengefasst würde in Christus, was im Himmel und auf Erden ist. Ἐν ᾧ ἔχομεν τὴν ἀπολύτρωσιν διὰ τοῦ αἵματος αὐτοῦ, τὴν ἄφεσιν τῶν παραπτωμάτων, κατὰ τὸ πλοῦτος τῆς χάριτος αὐτοῦ 8 ἧς ἐπερίσσευσεν εἰς ἡμᾶς, ἐν πάσῃ σοφίᾳ καὶ φρονήσει, 9 γνωρίσας

aus der Dimension der Zukünftigkeit in die des Schon-Geschehen-Seins verwandelt: Christus hat den Sieg bereits errungen (1,20-23); entsprechend ist die Gemeinde der Glaubenden bereits in den Raum des Heils versetzt (1,5.9.11.19; 2,10; 3,11). Die Taufe hat sie gerettet, auferweckt und in den Himmel eingesetzt (2,5.6.8). Eben dadurch sind sie zu Mitbürgern der Heiligen und Hausgenossen Gottes geworden (2,19). Auf diese Weise gerät die Gemeinde in ein neues Verhältnis zu ihrer eschatologischen Zukunft. Deren wesentliche Elemente sind bereits zu ihrer Gegenwart geworden. Unter diesem Aspekt spricht der Epheserbrief vom eschatologischen Tag der Erlösung, für den die Adressaten bereits jetzt versiegelt sind; vgl. Eph 4,30.[60] Aber eben diese Erlösung wird nicht in einer von der Gegenwart abstrahierten Zukunft gedacht; im selben Brieftraktat heißt es 1,7 Ἐν ᾧ ἔχομεν τὴν ἀπολύτρωσιν διὰ τοῦ αἵματος αὐτοῦ, τὴν ἄφεσιν τῶν παραπτωμάτων, κατὰ τὸ πλοῦτος τῆς χάριτος αὐτοῦ – In ihm haben wir die Erlösung durch sein Blut, die Vergebung der Sünden, nach dem Reichtum seiner Gnade; vgl. 1,14 ὅ ἐστιν ἀρραβὼν τῆς κληρονομίας ἡμῶν, εἰς ἀπολύτρωσιν τῆς περιποιήσεως, εἰς ἔπαινον τῆς δόξης αὐτοῦ – welcher ist das Unterpfand unsres Erbes, zu unsrer Erlösung, dass wir sein Eigentum würden zum Lob seiner Herrlichkeit.[61] Der Hebräerbrief spricht sowohl von einer bereits geschehenen und den Adressaten zugeeigneten wie eschatologischen und ewig gültigen Erlösung; vgl. Hebr 9,12.[62]15.[63] Zur Auslösung

---

ἡμῖν τὸ μυστήριον τοῦ θελήματος αὐτοῦ, κατὰ τὴν εὐδοκίαν αὐτοῦ ἣν προέθετο ἐν αὐτῷ 10 εἰς οἰκονομίαν τοῦ πληρώματος τῶν καιρῶν, ἀνακεφαλαιώσασθαι τὰ πάντα ἐν τῷ Χριστῷ, τὰ ἐπὶ τοῖς οὐρανοῖς καὶ τὰ ἐπὶ τῆς γῆς ἐν αὐτῷ.

[60] Und betrübt nicht den Heiligen Geist Gottes, mit dem ihr versiegelt seid für den Tag der Erlösung. ἐν ᾧ ἐσφραγίσθητε εἰς ἡμέραν ἀπολυτρώσεως.

[61] Vgl. Kol 1,13f. Er hat uns errettet von der Macht der Finsternis und hat uns versetzt in das Reich seines lieben Sohnes, in dem wir die Erlösung haben, nämlich die Vergebung der Sünden.

[62] οὐδὲ δι' αἵματος τράγων καὶ μόσχων διὰ δὲ τοῦ ἰδίου αἵματος εἰσῆλθεν ἐφάπαξ εἰς τὰ ἅγια αἰωνίαν λύτρωσιν εὑράμενος - Er ist auch nicht durch das Blut von Böcken oder Kälbern, sondern durch sein eigenes Blut ein für alle Mal in das Heiligtum eingegangen und hat eine ewige Erlösung erworben.

[63] Und darum ist er auch der Mittler des neuen Bundes, damit durch seinen Tod, der geschehen ist zur Erlösung von den Übertretungen unter dem ersten Bund, εἰς ἀπολύτρωσιν τῶν ἐπὶ τῇ πρώτῃ διαθήκῃ παραβάσεων die Berufenen das verheißene ewige Erbe empfangen.

(λύτρωσις Hebr 9,12) von der Verstrickung in die Sünde[64] vgl. z.B. Rm 3,24; Eph 1,7; Kol 1,14; Hebr 9,15.[65]

4. Erlösung im Diesseits[66]

Das frühe Christentum sah den Weg der Erlösung nicht in einem weltflüchtigen Jenseitsweg, sondern in der Jesus-Christus-Geschichte, die um der Liebe willen in den Tod führte und Leben aus diesem Tod versprach.

Hier ist in erster Linie an die Rettungszusagen zu erinnern, die seitens Jesus im Anschluss an seine zeichenhaften Heilungen erfolgen (dein Vertrauen hat dich gerettet; vgl. Lk 7,50 u.ö.; s.o. unter 2.1)

Gerade weil der Tod mit der Geschichte Jesu Christi entmachtet worden ist, wie das Neue Testament formuliert (vgl. z.B. 1 Kor 15,54f.), kann dieser Weg in die Diesseitigkeit gewagt werden. Es handelt sich um eine liebende, leidenschaftliche Annahme diesseitiger Wirklichkeit, nicht um eine Art stoische Annahme der »Wirklichkeit, wie sie nun einmal ist«. Das hat mit der Performativität frühchristlichen Rettungsglaubens zu tun. Wirklichkeit in der Perspektive der Jesus-

---

[64] Thomas Söding hat vor Kurzem die soteriologischen Perspektiven des Neuen Testaments mit Blick auf die Vergebung der Sünden gesichtet (THOMAS SÖDING, Vergebung der Sünden. Soteriologische Perspektiven des Neuen Testaments, ZThK 115 [2018], 402–424). Sein Beitrag zielt darauf, »(1.) die Verheißung der Vergebung in ihrer Größe und Streitigkeit zu beschreiben, (2.) die Vielfalt der Aspekte, die im Neuen Testament angesprochen werden, in den Perspektiven zu bestimmen, die sie auf die Verheißung der Vergebung öffnen, und (3.) die Vielfalt zu vermitteln, so dass die Problematik der Verheißung zusammen mit dem Ansatz einer Lösung deutlich wird, bevor (4.) der Blick, den die neutestamentlichen Schriften auf Jesus werfen, unter dem Aspekt beobachtet wird, ob die Sündenvergebung nur verheißen oder von denen, die sie überliefern, auch erfahren und bezeugt wird.« (402) Söding leistet damit einen wichtigen Beitrag, die Zusage von Vergebung im Neuen Testament als fundamentale soteriologische Komponente zu verstehen.

[65] Im Hebräerbrief ist ἀπολύτρωσις ein anderes Wort für ἄφεσις (ERICH GRÄSSER, An die Hebräer, EKK 17,1-3, Bd. 2, Zürich 1997, 171): 9,22; 10,18; vgl. noch Röm 3,24; Eph 1,7; Kol 1,14.

[66] Ich erinnere in diesem Zusammenhang an Friedrich Avemarie, der hinsichtlich der neutestamentlichen Erlösungshoffnung von einem »Perspektivwechsel von der Erlösung zur Lebensgestaltung« bei Paulus und im gesamten Neuen Testament sprach, um die ins Diesseits gerichtete Erlösungshoffnung aufzunehmen; vgl. DERS., Erlösungshoffnung und Lebensgestaltung im Neuen Testament, in: DERS., Neues Testament und frührabbinisches Judentum, Gesammelte Aufsätze, hrsg. v. Jörg Frey und Angela Standhartinger, unter Mitarb. v. Mareike Schmied u. Sebastian Weigert, WUNT 316, Tübingen 2013, 857–877, so dass es in dieser Perspektive »Lebensorientierung nicht ohne die Perspektive der Erlösung« geben könne (872).

Christus-Geschichte ist veränderte, umgesprochene, neu zu sehen gegebene und folglich zu sehende Wirklichkeit.[67]

Zum Verstehen des frühchristlichen Erlösungsdenkens gehört also nicht nur die Wahrnehmung des Kreuzestodes Jesu Christi. Sie wird überhaupt erst möglich aus der Erfahrung des Lebens, das in diesem Tod gründet und ihn zugleich überwunden hat. Kein Opfer wird vergeblich sein, keine Liebe, keine Hingabe, kein Verlust um der Liebe willen, weil dieses Leben sich nicht mehr vor seinem Tod rechtfertigen oder ›lohnen‹ muss.

Der Glaube, von dem das Neue Testament spricht, hat nicht den Himmel besiegt, um so den Menschen zu erlösen, an Gottes Stelle zu setzen und so zum Herrscher aller Dinge zu machen. Der Glaube, von dem das Neue Testament spricht, macht Menschen frei für diese Welt.

Das Neue Testament erzählt eine Befreiungsgeschichte, indem es von der anbrechenden Herrschaft Gottes spricht. Es ist voller Bilder, was diese Herrschaft bedeuten mag; fast alle Gleichnisse drehen sich darum. Diese Bildersprache ist notwendig, weil anders nicht von dem gesprochen werden kann, worum es bei der anbrechenden Herrschaft Gottes geht. Diese Bilder sind vielfältig wie das Leben; sie sind leise und laut, gewaltsam und still, sehr klein und sehr groß.

Eins der überraschendsten Bilder findet sich bei Lukas. Die Herrschaft Gottes ist längst unter euch, schreibt er, mitten unter euch (Lk 17,21), und er meint damit nicht, dass es sich erübrigen würde, um ihr Kommen zu bitten (vgl. Lk 11,2), sondern dass sie da beginnt, wo sie schon heute für Menschen bestimmend wird. Wo das geschieht, dürfen wir aufblicken, aufatmen und aufrecht werden: Seht auf und erhebt Eure Häupter, weil sich Eure Auslösung naht (Lk 21,28).

Diese Doppelheit, das neutestamentliche Oszillieren zwischen gegenwärtiger und künftiger Rettung, impliziert die auf die konkrete Haltung des Glaubens bezogene, aber auch epistemische und überdies geschichtstheologische Aufgabe, beide Perspektiven im Dialog zu sehen. Mit Blick auf die geschichtstheologische Aufgabe ergibt sich mit dem Oszillieren zwischen gegenwärtiger und künftiger Rettung eine aufschlussreiche Möglichkeit, Geschichte und ihre Gegenwart unter dem Aspekt der Hoffnungen auf den rettenden und erlösenden Gott zu erzählen und zu reflektieren, Geschichte in soteriologischer Perspektive[68] zu sehen und damit zugleich die Frage, in welches Verhältnis wir uns selbst zu Not, Unfrieden und Elend in unserer Welt setzen, neu zu denken.

---

[67] Vgl. dazu ECKART REINMUTH, Art. Performativität, WIBILEX (Das wissenschaftliche Bibellexikon im Internet, 2018) https://www.bibelwissenschaft.de/de/stichwort/200457/.

[68] Vgl. ECKART REINMUTH, Eschatologie und Historik. Ein theologischer Beitrag zu 1 Kor 15, in: JENS SCHRÖTER, ANTJE EDDELBÜTTEL (HG.), Konstruktion von Wirklichkeit. Beiträge aus geschichtstheoretischer, philosophischer und theologischer Perspektive, TBT 127, Berlin/New York 2004, 221-235.

Mit Blick auf die konkrete Haltung des Glaubens ist zu fragen, wie das Unverlierbare gelebter Liebe, durchgestandenen Vertrauens, unausgelöschter Hoffnung zu beschreiben und zu würdigen wäre; wie spricht das Neue Testament gerade angesichts seiner Illusionslosigkeit über die Totalität des Sterbens von dem »Bleibenden«, das hier schon gelebt wurde?[69]

Wie wären die Folgen für die Elementarität unserer Körperlichkeit zu denken? Das Neue Testament spricht ausweislich einer so wichtigen Stelle wie Röm 8,23 gerade nicht von einer Erlösung von der Leiblichkeit, sondern von einer Erlösung des Leibes; es insistiert folglich für das Leben im Diesseits auf der Leiblichkeit der Glaubenden. Die Erwartung der endgültigen Auslösung führt gleichsam in den aufrechten Gang (Lk 21,28).[70]

Das erfordert auch einen neuen Blick auf die Bedeutung des Körpers für Prozesse sozialer Interaktion[71] wie auf die auch theologisch rezipierte Unterscheidung Helmuth Plessners zwischen »Körper-Haben« und »Leib-Sein«.[72] Auch die Nachwirkungen der cartesianischen Unterscheidung bzw. Aufspaltung des Menschen in Geist und Körper auf unser modernes Wirklichkeitsbild sind in diesem Zusammenhang zu bedenken. Ihre problematische rezeptionsgeschichtlich vermittelte Bedeutung für transhumanistische Erlösungsversprechen[73] wird

---

[69] Vgl. z.B. 1 Kor 13,13 (das μένει /›sie bleiben‹ bezieht sich auf den vorlaufenden Kontext der vv8-12); Joh 11,25f. (Hier spiegelt sich das Verständnis der ζωὴ αἰώνιος/ewiges Leben bei Johannes).

[70] Das griechische Verb ἀνακύπτω bedeutet emporheben, den Kopf hochheben, übertragen sich aufrichten, sich erheben.

[71] Vgl. dazu STEPHANIE STADELBACHER, Die körperliche Konstruktion des Sozialen. Zum Verhältnis von Körper, Wissen und Interaktion Bielefeld April 2016.

[72] Vgl. dazu z.B. RUDOLF BULTMANN, Theologie des Neuen Testaments, Tübingen ⁶1970, §17 (Der Begriff σῶμα); HELMUTH PLESSNER, Lachen und Weinen, in: DERS. (HG.), Philosophische Anthropologie, Frankfurt 1970, 11-171.

[73] Vgl. INA BOLINSKI, STEFAN RIEGER, Am Ende des Menschen? Theorien des Post- und Transhumanismus, PhR 65 (2018), 27-46. Vgl. CHRISOPHER COENEN, Art. ›Transhumanismus‹, in: EIKE BOHLKEN/CHRISTIAN THIES (HG.), Handbuch Anthropologie. Der Mensch zwischen Natur, Kultur und Technik, Stuttgart/Weimar 2009, 268-276; vgl. jetzt DIERK SPREEN, BERND FLESSNER, HERBERT M. HURKA, JOHANNES RÜSTER, Kritik des Transhumanismus. Über eine Ideologie der Optimierungsgesellschaft, Bielefeld 2018. Die Autoren deuten den Transhumanismus im Kontext ihrer Kritik an der »Optimierungsgesellschaft« bzw. »Wettbewerbsgesellschaft« und »Individualisierungsgesellschaft« (7ff.). Der Begriff Transhumanismus sei im »Gesamtkontext des Überschreitens der Grenzen des Menschen überhaupt« als zu verwirklichendes »Ziel der menschlichen Zivilisation« sinnvoll (a.a.O. 10). Darin zeige sich eine »Geschichtsphilosophie«, die »mit technologischen und weltimmanenten Erlösungsversprechen aller Art« versehen sei (ebd.). Vgl. HETZEL (s. Anm. 4): Hetzel spricht von einem »Transhumanismus, der im Gefolge Nietzsches und Heideggers von einer Überwindung des Menschen träumt. Bestimmte

noch kaum diskutiert.⁷⁴ Ich erinnere an dieser Stelle lediglich an den Hebräerbrief und speziell Hebr 2,14f:⁷⁵ Leiblichkeit heißt für den Hebräerbrief Sterblichkeit. Sieht der antike Autor hier die Ursache menschlicher Unfreiheit und Fehlbarkeit,⁷⁶ so versteht er Erlösung als Vergebung bzw. Schuldenerlass vor diesem Hintergrund.⁷⁷

Dieses Verständnis von Erlösung ist jedoch nicht individualistisch zu reduzieren; vgl. allein 1 Kor 10,16f. Und – um beim Einzelnen zu bleiben – es geht, ohne biographische Entwicklungswege in Abrede zu stellen, nicht um einen Erlösungsweg, der mich meiner Erlösung ›immer näher‹ bringen würde, als ob ich so ›immer erlöster‹ würde, je mehr ich z.B. glaubte. Vgl. vielmehr Röm 13,11; Gal 1,4 (τοῦ δόντος ἑαυτὸν ὑπὲρ τῶν ἁμαρτιῶν ἡμῶν, ὅπως ἐξέληται ἡμᾶς ἐκ τοῦ αἰῶνος τοῦ ἐνεστῶτος πονηροῦ κατὰ τὸ θέλημα τοῦ θεοῦ καὶ πατρὸς ἡμῶν, der sich selbst für unsre Sünden dahingegeben hat, dass er uns errette von dieser gegenwärtigen, bösen Welt).

Eschatologische und präsentische Erlösung treffen im performativen ›Jetzt‹ zusammen. Diese Feststellung gilt für die zugesagte Wirklichkeit des Gerettet-

---

seiner ›Eigenschaften‹ wie Selbstbewusstsein und Intentionalität ließen sich, so das transhumanistische Credo, auch technisch replizieren und reproduzieren. Unsere Zeit begreifen die Transhumanisten als Advent eines bevorstehenden Evolutionssprunges: Der Geist stehe davor, sich von seinem endlichen und beschränkten Träger, dem Menschenleib, zu lösen, und auf ein technisches, potentiell unendliches und unsterbliches Medium überzugehen.« (235)

⁷⁴ Zum Zusammenhang von Transhumanismus und Menschenbild vgl. MICHAEL ZICHY, Gut ist (nicht) gut genug. Zu den Menschenbildern in der Debatte um die Verbesserung des Menschen, Forum Technik – Theologie – Naturwissenschaften 19 (2008), 9-16.

⁷⁵ Weil nun die Kinder von Fleisch und Blut sind, hat auch er's gleichermaßen angenommen, damit er durch seinen Tod die Macht nähme dem, der Gewalt über den Tod hatte, nämlich dem Teufel, und die erlöste, die durch Furcht vor dem Tod im ganzen Leben Knechte sein mussten. Vgl. dazu ECKART REINMUTH, Der Hebräerbrief vor dem Horizont politischer Philosophie, in: DERS., Neues Testament, Theologie und Gesellschaft. Hermeneutische und diskurstheoretische Reflexionen, Stuttgart 2012, 375-395.

⁷⁶ Dietrich Bonhoeffer hat den Zusammenhang zwischen Tod und Erlösungshoffnung sehr einfach formuliert: »Der Tod zeigt an, daß die Welt nicht so ist, wie sie sein sollte, sondern daß sie der Erlösung bedarf.« (DERS., Konspiration und Haft 1940-1945, DBW 16, München 1996, 194).

⁷⁷ Hans Blumenberg hat den paulinischen Satz ›der Tod ist der Sünde Sold‹ umgekehrt: »Der Tod ist nicht der Sünde Sold, die Angst vor dem Tod macht den Menschen zum Sünder – indem er nämlich alles mögliche unternimmt, um den Tod zu vergessen und ihm zu entrinnen, alles unternimmt, um sich selbst zu erhalten, was theologisch die Aufrichtung der eigenen Gerechtigkeit zu heißen verdient.« (RALF STOLINA, Tod und Heil, NZSystTheol 44 [2002], 89-106, 96; Stolina bezieht sich auf Blumenbergs ›Matthäuspassion‹, Frankfurt a.M. 1988 ³1991, 123-129, bes. 125).

Seins im Neuen Testament grundsätzlich. Ich verweise exemplarisch auf Paulus und sein performativ zugesprochenes ›Jetzt‹ (2 Kor 6,2; vgl. Röm 7,6; 1 Kor 10,11). Dieses ›Jetzt‹ sollte nicht eigens eschatologisiert und dann durch das modern ontologisierende Konstrukt einer zeitlich-linear verstandenen Naherwartung[78] wegerklärt oder entschärft werden.[79]

In gleicher Weise ist auf die speziell lukanische Perspektive zu verweisen, wie sie z.b. in dem σήμερον/heute Lk 4,21 im Kontext der Episode Lk 4,16-21 zum Ausdruck kommt und ein eschatologisches Jetzt reklamiert, das freilich von den Menschen vertan, verkannt und abgelehnt wird.[80]

Hinzuweisen ist gleichfalls auf die performative Qualifizierung des ›Jetzt‹ in Hebr 1,1-4, auf die sog. ›präsentische Eschatologie‹ des Johannesevangeliums, auf Aussagen, die die Nähe der Gottesherrschaft bezeugen (vgl. z.B. Mk 1,15; 9,1) oder in Jesu Wirken gekommen sehen (vgl. z.B. Lk 11,20; 17,21).

Abschließend komme ich noch einmal auf Ernst Lohmeyers radikale Aussage zurück: »Glaube ist dann nichts anderes als Erlösung; er ist es als die göttliche Tat, die den Glauben schafft und begründet.«[81] Er hatte damit Heinrich Hermelinks Formulierung zu Luther aufgenommen: »Erlöst wird der Christ zum Glauben.« (s.o. unter 2.3).

Dein Vertrauen hat dich gerettet – über diese vielmalige performative Zusage hinaus ist alles Weitere Spekulation. Gerade die letztlich theoretische Frage, ob die Erlösung bereits geschehen sei oder noch ausstehe, findet in dieser Zusage

---

[78] Der exegetische Diskurs um Parusieverzögerung und Naherwartung geht zu großen Teilen von einer modern linearen Zeitauffassung aus und entdynamisiert damit tendenziell performative Momente frühchristlicher Wirklichkeitskommunikation; vgl. zur Einführung in die Problematik HARTMUT ROSENAU, Art. Naherwartung, RGG⁴ Bd. 6 (2003), 27f. Im Neuen Testament gibt es keine terminierte Naherwartung. Vielmehr wird das Nichtwissen um den Zeitpunkt der Parusie betont (vgl. z.B. Mk 13,32; Mt 24,36.42-44; Act 1,7).

[79] Vgl. z.B. für die genannte Stelle 2 Kor 6,2 den Bezug auf Jes 49,8 und den vorlaufenden Kontext ab 2 Kor 5,14. Das Leben der Erlösten kann sich als Leben im ὡς μή/»als ob nicht« realisieren (1 Kor 7,29).

[80] Die Tragik des Nichterkennens, des Nichtwahrnehmens, der Gleichgültigkeit ist eines der Themen, die Lukas nicht nur in dieser Situation thematisiert (vgl. z.B. Lk 7,16; 13,1-5). Vor diesem Hintergrund ist genau zu bedenken, was z.B. in 19,41-44 mit der Besuchszeit Gottes (καιρὸς τῆς ἐπισκοπῆς) gemeint ist: Es handelt sich um eine Wendung, mit der Lukas die Geschichte der in Jesus präsenten Gegenwart Gottes in seinem Volk zusammenfasst. Lukas bringt mit dieser Metapher das irdische Wirken Jesu auf den Punkt – es war nichts anderes als eine einmalige Zeit der Zuwendung Gottes. Die Metapher hat eine lange biblische und nichtbiblische Vorgeschichte. Immer war es besondere göttliche Zuwendung, die rettend oder strafend, in Schutz nehmend oder ausliefernd zu erfahren war. Die Anwendung dieser Metapher auf die Jesus-Christus-Geschichte deutet diese als Zeit der rettenden Gegenwart Gottes.

[81] LOHMEYER (s. Anm. 40), 22.

ihre Antwort. Die geschenkte Möglichkeit des Vertrauens auf die Zusage oder Zuwendung, wie Paul-Gerhard Klumbies zusammenfassend für die ersten drei Evangelien betont,[82] enthält das mit dieser Zuwendung Zugesagte, verlässt sich darauf und kann es in vielfältiger Metaphorik variieren: Krank sein und doch heil sein. Heil sein in der Fragilität unseres Lebens im Vorletzten. Wenn für Luther Erlösung wesentlich Erlösung zum Glauben war, ist damit zum einen das Bekenntnis zur Diesseitigkeit der Erlösung verbunden, zum anderen die Gewissheit ausgedrückt, dass sich das, worauf ich hier vertraue, im Letzten erfüllt. Aber das ist noch zu abstrahierend in verschiedene Ebenen aufgeteilt. Von einer Diesseitigkeit der Erlösung ist nur sinnvoll zu sprechen, wenn die Diesseitigkeit im Licht der Erlösung als verwandelte, veränderte, umgesprochene wahrnehmbar wird, ohne dass ihre Schrecken retuschiert werden:

Entscheidend ist, dass ich mich in meiner Fragmenthaftigkeit und Gebrochenheit ausgelöst und gerettet wissen und diese Fragilität und Unfertigkeit deshalb und nur aus diesem Grund annehmen darf. Auslösung ist immer auch Einlösung. Nur wenn wir das befreiende Wort mit unserem Leben einlösen, wird es zum auslösenden Wort.

5. Zusammenfassung

Die Formulierung der Frage »Braucht der Mensch Erlösung?« ist kritisch zu reflektieren, insofern jede abstrahierende Rede von ›dem Menschen‹ und seiner Erlösungsbedürftigkeit Gefahr läuft, andere Menschen zu diskriminieren. Für die relativ zentrale Stellung des soteriologischen Stichworts ›Erlösung‹ ist einerseits die Übersetzung Martin Luthers in Rechnung zu stellen, die das Wort ›Erlösung‹ bzw. ›erlösen‹ gegenüber der semantischen Vielfalt der Primärtexte vereinheitlichend verwendete; sie wurde durch die Revision der Lutherbibel 2017 in den meisten Fällen erneut festgeschrieben. Andererseits spielte die frömmigkeits- und theologiegeschichtliche Entwicklung im 19. Jahrhundert eine wichtige Rolle. Das soteriologische Denken wurde teilweise in eine Innerlichkeitshoffnung transformiert, die die Erlösung der Seele in einem Jenseits erwartete.

Die biblischen Äquivalente des Stichworts ›Erlösung‹ stammen ursprünglich aus dem politischen bzw. ökonomischen Bereich und wurden metaphorisch auf das befreiende Handeln Gottes bezogen. Der jeweils ursprüngliche Sinn ist folglich auch in seiner ›religiösen‹ Verwendung zu beachten. Neutestamentliche Texte verbinden in soteriologischer Hinsicht die eschatologische mit der präsentischen Dimension. Sie sehen die Rettung der Menschen nicht in einem weltflüchtigen Jenseits, sondern in der Jesus-Christus-Geschichte, die um der Liebe

---

[82] Paul-Gerhard Klumbies, Soteriologische Wirklichkeitserschließung. Der Beitrag der synoptischen Evangelien, ThLZ 143 (2018), 859–872, 870.

willen in den Tod führte und Leben aus diesem Tod versprach. Vor diesem Hintergrund wird der Sinn des Schwankens zwischen gegenwärtiger und künftiger Rettung deutlich. Werden beide Perspektiven aufeinander bezogen, so ergibt sich die Möglichkeit, Geschichte und ihre Gegenwart einschließlich ihrer ungezählten Opfer unter dem Aspekt der Hoffnung auf den rettenden Gott zu reflektieren und zugleich das Unverlierbare gelebter Liebe zu erzählen. Grundsätzlich gilt für die zugesagte Wirklichkeit des Gerettet-Seins im Neuen Testament, dass eschatologische und präsentische Erlösung im ›Jetzt‹ zusammentreffen. Diese Feststellung schließt die Performativität zugesprochener Erlösung jenseits reflektierender Abstraktion ein. Sie ermöglicht den darauf Vertrauenden, sich in ihrer Gebrochenheit und Unfertigkeit angenommen und ausgelöst zu wissen und anderen Menschen Befreiung, Erleichterung, Emanzipation, Selbstannahme zuzusprechen und zur Erfahrung werden zu lassen.

ERLÖSUNG, VERVOLLKOMMNUNG, RÜCKKEHR

Anthropologische Konzepte in Mittelalter, Humanismus und Reformation

Volker Leppin

Reformatorische Theologie antwortet auf Mittelalter und Humanismus – aber die Antwort muss nicht nur in einem Nein liegen: Martin Luther war von mittelalterlichen Theologen geprägt. Dies wahrzunehmen, ist Aufgabe der folgenden Ausführungen. Das bedeutet, dass von vorneherein nicht in Dichotomien gearbeitet werden kann, die Mittelalter und Reformation einander gegenüberstellten. Vielmehr geht es darum, die Vielfalt der Möglichkeiten des Mittelalters und des Humanismus in ihren jeweiligen Anliegen zu würdigen und dann nachzuzeichnen, wo Luther sich absetzen zu müssen meinte, wo er aber auch Gedanken fand, die er aufgreifen und auf eigene Weise in sein reformatorisches Denken integrieren und transformieren konnte. Es wird also darum gehen, Martin Luthers Denken zu kontextualisieren und so in seinen Anliegen besser zu verstehen.

I. BESTIMMUNG UND GABE: DAS GESTUFTE HUMANUM BEI THOMAS VON AQUIN

Verpflichtet auf die Entelechie des Aristoteles ist Thomas von Aquin ein eminent eschatologischer Denker: Sein Verständnis des Menschen, wie er es im wesentlichen der theologischen Anthropologie gewidmeten zweiten Teil seiner Summe der Theologie entfaltet[1], ist zwar ohne Schöpfungsvorstellungen nicht

---

[1] Zu dem »Perspektivenwechsel«, durch den vom Beginn des zweiten Teiles an der Mensch nicht mehr unter Perspektive der Schöpfung, sondern des Weges auf Gott hin betrachtet wird, s. HOLGER DÖRNEMANN, Thomas von Aquin: Wegbereiter einer neuen Erlösungslehre, in: FZPhTh 47 (2000) 368-380, 368.

nachvollziehbar, die maßgebliche Ausrichtung aber gewinnt es aus der Vorstellung von der Bestimmung des Menschen. Diese liegt, wie Thomas gleich zu Beginn der *Prima secundae* seiner *Summa* im Anschluss an Augustin sagen kann, in der Seligkeit (*beatitudo*)[2] – die gesamte *Prima secundae* gipfelt nach einer Darlegung der Sünden- und Tugendlehre in einem Aufweis der Erlösungsbedürftigkeit des Menschen eben in dem Sinne, dass er der Hilfe bedarf, um seine Bestimmung zu erreichen.

Genau genommen leitet sich auch dies als Zielbestimmung des Menschen wiederum von einem anderen ab: Im eigentlichen Sinne ist Gott der *finis ultimus* des Menschen, abgeleitet aber besteht dieser in der *fruitio Dei*, also eben der *beatitudo*[3]. In der Konsequenz heißt dies, dass *beatitudo* nur denkbar ist als *visio divinae essentiae*[4], also eine innerirdisch nicht erreichbare Erkenntnisweise, die sich als äußerste Bestimmung des Menschen schon dadurch auszeichnet, dass dann, wenn sie erreicht ist, dem Menschen nichts mehr zu ersehnen bleibt[5]. Blendet man dies noch einmal auf die Folie aristotelischer Entelechie, so wird deutlich, dass erst die jenseitige Verfasstheit des Menschen, welche ihm die Schau Gottes ermöglicht, ihn auch in den Stand wesentlicher Humanität versetzt. Alles Diesseitige ist demgegenüber defizient, präzise gesprochen: vorläufig.

Diese Überschreitung der diesseitigen Verfasstheit des Menschen impliziert aber auch, dass das so dem Menschen aufgegebene Ziel nicht nur über sein natürliches Leben hinausreicht, sondern auch in seiner Ermöglichung seine naturgegebenen Fähigkeiten überschreitet. Zwar fehle es dem Menschen nicht am Notwendigen, um das irdische Leben zu bestreiten – hierzu dienen ihm Vernunft und Hände[6]. Die Schau Gottes aber sei, so Thomas, über dem natürlichen Vermögen des Menschen und jedweder Kreatur[7]. Die Unmöglichkeit der Schau Gottes ist für Thomas also primär nicht hamartiologisch begründet, sondern liegt an der natürlichen Begrenztheit jeden Erkenntnisvorganges: Dieser sei, so hat es der Aquniate schon in der Erkenntnislehre der *Prima pars* der *Summa* ausgeführt, stets an die Erkenntnisweise des Erkenntnissubjekts gebunden: »Wenn also die Seinsweise eines erkannten Gegenstandes die Erkenntnisweise einer Natur

---

[2] ST I-II q. 1 a. 7 co. (Sancti Thomae Aquinatis Opera Omnia [Editio Leonina]. Bd. 6, Rom 1891, 15a); das Verhältnis von diesseitiger und jenseitiger *beatitudo* behandelt ausführlich WONRAE JEONG, Die Lehre des Thomas von Aquin von der ewigen Glückseligkeit, Berlin 2011, 95-149.
[3] ST I-II q. 3 a. 1 resp. (Editio Leonina 6, 26b); vgl. die Rekonstruktion des Gedankenganges bei ANGELO MARCHESI, Sul tema della felicità come fine ultimo dell'uomo, in: Sapienza 63 (2010) 197-201.
[4] ST I-II q. 3 a. 8 resp. (Editio Leonina 6, 35).
[5] ST I-II q. 3 a. 8 resp. (Editio Leonina 6, 35b).
[6] ST I-II q. 5 a. 5 ad 1 (Editio Leonina 6, 51b).
[7] ST I-II q. 5 a. 5 resp. (Editio Leonina 6, 51b).

überschreitet, steht die Erkenntnis jenes Gegenstandes notwendig über der Natur jenes Erkennenden«[8]. Diese in der Natur des Menschen liegende Defizienz ist von vorneherein, also schon vor dem Fall, allein durch die Gnade Gottes zu beheben[9]. So gesehen ist bei Thomas die Frage nach der hamartiologisch formulierten Erlösungsbedürftigkeit des Menschen die Frage nach seiner Ergänzungsbedürftigkeit oder weniger technisch ausgedrückt: Vervollkommnungsbedürftigkeit des Menschen. Dieser ist nicht erst durch den Sündenfall, sondern qua schöpfungsgemäßer Begrenztheit ein Mängelwesen.

Diese Mangelhaftigkeit muss daher im Grundsatz auch für Adam gelten. Das gilt für ihn in der Gesamtheit insofern schon generell, als der erste Mensch noch nicht über die Schau Gottes verfügte – sonst wäre er nicht in der Lage gewesen, in Sünde zu fallen[10]. Seine Bejahung Gottes also beruhte nicht auf der Evidenz der Schau, sondern auf der Tugend des Glaubens, welche als Fürwahrhalten dessen, was nicht geschaut wird (Hebr 11,1), einen gewissen Mangel an Vollkommenheit impliziert[11]. Die Defizienz des ersten Menschen gilt aber auch noch in einem engeren Sinne, nämlich speziell im Blick auf seine natürliche Verfasstheit: Diese bestand nämlich im Urstand noch in einer rechten Ordnung der verschiedenen Vermögen: »Es bestand nämlich diese rechte Ordnung dergestalt, dass die Vernunft Gott untergeordnet war, der Vernunft aber die niederen Kräfte, und der Seele der Leib.«[12] Diese Beschreibung des in Adam geordneten Zustandes ist gewissermaßen das Relat zu Thomas' Sündenverständnis, wonach »nämlich Sünde im eigentlichen Sinne eine ungeordnete Handlung bezeichnet«[13] und die Todsünde dadurch gekennzeichnet ist, dass sie die auf den *ultimus finis* ausgerichtete Ordnung durcheinanderbringt[14]. So ist der sündlose Adam wohlgeordnet, diese Ordnung aber konnte nach Thomas nicht natürlicher Art sein, da sie andernfalls

---

[8] ST I q. 12 a. 4 resp. (Sancti Thomae Aquinatis Opera Omnia [Editio Leonina]. Bd. 4, Rom 1888, 120b): »Si igitur modus essendi alicuius rei cogitae excedat modum naturae cognoscentis, oportet quod cognitio illius rei sit supra naturam illius cognoscentis«.

[9] ST I q. 12 a. 4 resp. (Editio Leonina 4, 121a). Entsprechend kann die Folge der Sünde bei Thomas als ein Zurückgeworfensein des Menschen auf seinen natürlichen Zustand beschrieben werden; s. OTTO HERMANN PESCH, Sünde und Menschsein bei Thomas von Aquin. Eine theologiegeschichtliche Meditation, in: MARTIN THURNER (HG.), Die Einheit der Person. Beiträge zur Anthropologie des Mittelalters. FS Richard Heinzmann, Stuttgart 1998, 85-98, 86.

[10] ST I q. 94 a. 1 resp. (Sancti Thomae Aquinatis Opera Omnia [Editio Leonina]. Bd. 5, Rom 1889, 413b).

[11] ST I q. 95 a. 3 resp. (Editio Leonina 5, 423b).

[12] ST I q. 95 a. 1 resp. (Editio Leonina 5, 420b): »Erat enim haec rectitudo secundum hoc, quod ratio subdebatur Deo, rationi vero inferiores vires, et animae corpus«.

[13] ST I-II q. 71 a. 1 resp. (Sancti Thomae Aquinatis Opera Omnia [Editio Leonina]. Bd. 7, Rom 1892, 4a): »nam peccatum proprie nominat actum inordinatum«.

[14] ST I-II q. 72 a. 5 resp. (Editio Leonina 7, 17b-18a).

nach dem Sündenfall verblieben wäre – dass sie mit ihm verloren gegangen ist, zeigt, dass sie auf die Wirkung der Gnade schon durch die Schöpfung zurückging[15]. Die Ausrichtung des Menschen also auf sein letztes Ziel war Ausdruck einer über den natürlichen Stand hinausgehenden Ergänzung in Richtung auf die Vervollkommnung des Menschen.

Und eben hier setzen dann die Beschädigungen der menschlichen Natur ein. Thomas differenziert die möglichen Folgen der Sünde auf das der Natur des Menschen zuzuordnende Gut dreifach[16]: Unangetastet durch den Sündenfall sind die im eigentlichen Sinne natürlichen Gegebenheiten, die *principia naturae*. Beschädigt ist deren Ausrichtung auf die Tugend, völlig beseitigt ist die *originalis iustitia*, die aber ihrerseits zwar als der Natur zugeordnetes Gut, nicht aber selbst als Natur anzusprechen ist. Sie ist vielmehr eine »von Gott der ganzen Natur mitgeteilte Gabe«[17]. Die Folge des Sündenfalls ist also der Verlust einer in der Schöpfung, nicht aber in der Natur dem Menschen gnadenhaft beigegebenen Gabe. Thomas entgeht der einfachen Gleichung von Schöpfung und Natur und kann ebenso die Schöpfung gnadentheologisch reflektieren. Die Bestimmung des Menschen aber ist nur erreichbar in eben der Kombination aus Natur und Gnade, die in der Schöpfung grundgelegt und im Eschaton verwirklicht ist[18]. Insofern der Verlust dieser Ordnung Folge der Sünde ist, kann man dann auch von einer Erlösungsbedürftigkeit des Menschen ausgehen, die präzise die Rückkehr nicht in das Humanum natürlicher Ausstattung, sondern in die Bestimmung des gnadenhaft in der Schöpfung konstituierten Humanum darstellt.

Die Mitteilung dieser Erlösung an den Menschen nun wiederum erfolgt durch eine neuerliche Ausstattung des Menschen mit Tugenden, die ihn auf die Seligkeit hinordnen[19]. Dies sind die theologischen Tugenden[20] *fides, spes, caritas*[21]. Als

---

[15] ST I q. 95 a. 1 resp. (Editio Leonina 5, 420b); vgl. OTTO H. PESCH, Sünde und Menschsein 91; zur Gnade im Urstand DERS., Der Urstand des Menschen. Eine Erkundung bei Thomas von Aquin, in: MThZ 63 (2012) 134-144, 140-143.

[16] ST I-II q. 85 a. 1 resp. (Editio Leonina 7, 110).

[17] ST I q. 100 a. 1 resp. (Editio Leonina 5, 443b): »donum divinitus datum toti naturae«.

[18] Zur christologischen Vermittlung dieser Restitution des Humanum s. JEAN-HERVÉ NICOLAS, L'humanité perdue et retrouvée dans le Christ, in: NORBERT A. LUYTEN (HG.), L'anthropologie de Saint Thomas, Fribourg 1974, 161-180.

[19] ST I-II q. 62 a. 1 resp. (Editio Leonina 6, 401b): »ad ordinandum hominem in beatitudinem«.

[20] ST I-II q. 62 a. 1 resp. (Editio Leonina 6, 401b).

[21] ST I-II q. 62 a. 3 resp. (Editio Leonina 6, 403b).

Gaben der Gnade werden sie dem Menschen eingegossen[22], sind also *virtutes infusae*[23]. Dies ist der Hintergrund und eigentliche Sinn des habitualen Gnadenverständnisses des Thomas: Die theologischen Tugenden reparieren gewissermaßen den durch den Sündenfall eingetretenen Schaden und ermöglichen dem Menschen so eine Rückkehr in jene Ordnung, welche Gott mit ihm in der Schöpfung intendiert hatte[24].

2. Sündenfähigkeit als Ausdruck des Humanum: die *Via moderna*

Eben dieses habituale Verständnis der Gnadenmitteilung – ausdrücklich nicht der Gnade selbst, die immer auch eine Differenz zu den Seelenqualitäten bewahrt[25], macht erst den anthropologischen Neuansatz in der Soteriologie der *Via moderna* verständlich, wie dieser sich bei Wilhelm von Ockham ausdrückt[26]. Am deutlichsten lassen sich Anknüpfung und Differenz gegenüber Thomas in Ockhams *Quodlibeta* erkennen, einer Sammlung frei formulierter Fragen, die wohl während der Gefangenschaft in Avignon der fortdauernden Übung im theologischen Argumentieren dienten. In Quodl 3 q. 10 stellte Ockham die Frage, »ob die selige Jungfrau sich auch nur für einen Moment in Ursünde befunden haben kann«[27]. Für den vorliegenden Zusammenhang ist die marianische Frage, die Bezüge auf die Diskussion um die unbefleckte Empfängnis impliziert, von geringerem Interesse als die dabei vorausgesetzte allgemeine Anthropologie. Grundsätzlich nämlich teilt Ockham die Auffassung des Thomas, dass »die Urstandsgerechtigkeit etwas für sich Bestehendes bezeichnet, das dem in rein natürlichem

---

[22] ST I-II q. 110 a. 2 resp. (Editio Leonina 7, 312b).
[23] ST I-II q. 110 a. 3 resp. (Editio Leonina 7, 313b).
[24] Diese Rückkehr allerdings bleibt eine dynamische: Aloisia M. Levermann, Gottesfreundschaft und Verdienst. Ein Beitrag zur theologischen Anthropologie des Thomas von Aquin, in: Manfred Gerwing (Hg.), Wahrheit auf dem Weg. FS Ludwig Hödl, Münster 2009, 184-205, 185-188, weist zu Recht darauf hin, dass auch nach der Eingießung der Gnaden-*habitus* der Mensch nach Thomas sich noch auf einem Weg der Vervollkommnung befindet, welcher erst im Eschaton zur Erfüllung gelangt.
[25] ST I-II q. 110 a. 2 resp. (Editio Leonina 7, 312).
[26] Mir geht es an dieser Stelle dezidiert um die theologische Anthropologie Wilhelms von Ockham; zur philosophischen Anthropologie s. Vesa Hirvonen, William Ockham on Human Being, in: Studia Theologica 53 (1999) 40-49.
[27] Ockham, Quodl III q. 10 (Guilelmi de Ockham Opera Theologica 9: Quodlibeta septem, hg. v. Joseph C. Wey, St. Bonaventure 1980, 240,2f):»Utrum Beata Virgo potuit stetisse in peccato originali tantum per instans«.

Zustand befindlichen Menschen hinzugefügt wird«[28] – dies begründet ein von ihm in Anschluss an Anselm behauptetes privatives Verständnis der Ursünde, welche dann eben im Verlust dieser Hinzufügung besteht.

Der Unterschied zu Thomas von Aquin besteht nun aber darin, dass Wilhelm von Ockham zwar nicht *de potentia ordinata*, wohl aber *de potentia absoluta* die Möglichkeit gegeben sieht, »dass eine allein in ihren natürlichen Gegebenheiten existierende Person von Gott angenommen werden kann«[29]. Im Blick auf die Wirkungsgeschichte dieser Bemerkung ist hervorzuheben, dass der Kontext der Erlösung, wie der Begriff *acceptare* in diesem Zusammenhang deutlich macht, die franziskanische Tradition einer Akzeptationslehre ist[30]. Deren Pointe aber liegt in der überwältigenden Macht Gottes, der seine Gnade auch ohne adäquate Voraussetzungen auf Seiten des Menschen ausüben kann. So erklärt Ockham auch:

> »Der Wille vermag aus sich heraus einen Akt auszuüben, der dem Verdienst abträglich ist, also schließt es keinen Widerspruch ein, dass der Wille rein aus natürlichen Bedingungen (*ex puris naturalibus*) zu einem verdienstlichen Akt gebracht werden kann. Das wird allerdings ein verdienstlicher Akt nicht rein aus natürlichen Bedingungen sein, sondern aus der Gnade Gottes allein (*ex sola gratia Dei*), und zwar nicht durch eine formale Formgebung des Willens, sondern durch gnadenhafte Annahme jenes rein aus natürlichen Bedingungen gewählten Aktes.«[31]

Ziel und Voraussetzung dieser Lehre ist mithin nicht eine Nobilitierung der natürlichen Eigenschaften des Menschen, wie sie von denen vermutet wird, die

---

[28] OCKHAM, Quodl III q. 10 (OCKHAM, Opera Theologica 9, 240,17f): »Et secundum hoc dico quod iustitia originalis dicit aliquid absolutum superadditum homini in puris naturalibus existenti«.

[29] OCKHAM, Quodl III q. 10 (OCKHAM, Opera Theologica 9, 241,25f): »quia aliquis existens in puris naturalibus potest acceptari a Deo«.

[30] WERNER DETTLOFF, Die Entwicklung der Akzeptations- und Verdienstlehre von Duns Scotus bis Luther, Münster 1963 (BGPhMA 40,2).

[31] OCKHAM, Sent 1 d. 7 q. 2 (GUILELMI DE OCKHAM, Opera Theologica 3: Scriptum in librum primum sententiarum Ordinatio. Distinctiones IV-XVIII, hg. v. GIRARD ETZKORN, St. Bonaventure 1977, 470,5-9): »Sed voluntas potest ex se in actum demeritorium, ergo non includit contradictionem voluntatem ex puris naturalibus ferri in actum meritorium. Non tamen erit ille actus meritorius ex puris naturalibus, sed ex sola gratia Dei; non formaliter voluntatem informante, sed illum actum ex puris naturalibus elicitum gratuite acceptante«; vgl. VESA HIRVONEN, Charity and Sin in William Ockham's Theology, in: FZPhTh 59 (2012) 46-56, 49.

Ockham noch im 20. Jahrhundert »Neosemipelagianismus« vorgeworfen haben[32]. Naturgegebenheiten machen den Menschen nicht als solche des Heils würdig, sondern dieses kommt bedingungslos von Gott. Der Mensch also bleibt nach Ockham im Grundsatz erlösungsbedürftig, und zwar im passiven Sinne der Angewiesenheit auf eine von außen, eben durch Gott kommenden Erlösung. Ausdrücklich erklärt Ockham daher in einer anderen Quaestio: »Was Gott jemandem nicht als Belohnung für ein Verdienst geben kann, kann diesem ohne jeden vorausgehenden Habitus, der die Grundlage des Verdienstes ist, aufgrund der absoluten Macht Gottes gegeben werden«[33], und macht am Beispiel des Paulus, dem ohne jegliches Verdienst - nämlich im Status des Christenverfolgers - die Schau Gottes, mithin der *actus beatificus*, gegeben wurde, fest, dass Gott offenkundig eben diese Möglichkeit der Begnadung ohne vorausgehenden Habitus besitzt[34]. Folgt man dieser Argumentation, so wird deutlich, dass Ockham sich strikt gegen eine habituale Deutung des Gnadengeschehens wandte, wie sie Thomas vertrat: Die passive Erlösungsfähigkeit des Menschen hängt nicht an den diesem beigegebenen Eigenschaften, sondern am Wirken Gottes allein.

Eine andere Wendung aber bekamen diese Aussagen über den Status des Menschen *in puris naturalibus* durch Gabriel Biel, der seine Auffassung vor allem in Auseinandersetzung mit dem radikal augustinischen Denken Gregors von Rimini entwickelt hat[35]. Grundsätzlich folgte er dem Anliegen, die Freiheit Gottes in Heilsdingen herauszustreichen. Ausdrücklich erklärte er, dass Gott den Akt eines Menschen, der tut, was in ihm ist, also nach seinen natürlichen Bedingungen handelt, annehme, und zwar »aus seiner Freiheit« - dies sei dann ein *meritum de congruo*[36]. Folgt man der Frage nach der Erlösungsbedürftigkeit des Menschen, so ist klar, dass schon dieser erste Schritt der Erlösung nicht auf einen Anspruch zurückgeht, den menschliches Verdienst hervorbrächte. Dabei ist im Horizont der Reflexion auf *potentia absoluta* und *ordinata* auch zu bedenken, dass der Stand *in puris naturalibus*, wie Heiko Oberman herausgearbeitet hat, für Biel eigentlich »imaginär« ist, »weil der Mensch *de potentia ordinata* immer entweder *in culpa*

---

[32] HARRY J. MCSCORLEY, Luthers Lehre vom unfreien Willen nach seiner Hauptschrift *De Servo Arbitrio* im Lichte der biblischen und kirchlichen Tradition, München 1967 (BÖTh 1), 192.

[33] OCKHAM, Quodl VI q. 1 (OCKHAM, Opera Theologica 9, 587,53-55): »Praeterea quod potest dari alicui non tamquam praemium pro merito, potest sibi dari de potentia Dei absoluta sine omni habitu praevio qui est principium merendi«.

[34] OCKHAM, Quodl VI q. 1 (OCKHAM, Opera Theologica 9, 587,55-58).

[35] WILHELM ERNST, Gott und Mensch am Vorabend der Reformation. Eine Untersuchung zur Moralphilosophie und -theologie bei Gabriel Biel, Leipzig 1972 (EThSt 28), 331f.

[36] BIEL, Sent II d. 27 q. 1 concl. 4K (Gabrielis Biel Collectorium circa quattuor libros Sententiarum. Liber secundus, WILFRIED WERBECK/UDO HOFMANN (HG.), Tübingen 1984, 517,1-4).

oder *in gratia* ist«[37]. Zwar schreibt Biel dieser natürlichen Verfasstheit des Menschen erstaunlich weitreichende Möglichkeiten zu: Aus seinem natürlichen Vermögen heraus vermag der menschliche Verstand Gutes und Gerechtes zu erkennen und zu beurteilen und entsprechend vermittels seines freien Willens auch ohne Gnade (*sine gratia*) einen moralisch guten Akt zu wählen[38], aber so wie die Annahme solcher Akte der ungezwungenen Freiheit Gottes entspringt, gilt erst recht für die *merita de condigno*, dass sie allein auf Gottes Wirken zurückgehen, und zwar ganz in der von Thomas beschriebenen Weise der *infusio gratiae*[39], so wie auch schon die *iustitia originalis* Adams ein *donum superadditum* war[40].

Man kann also Biel durchaus so lesen und verstehen, dass der Mensch von Beginn an auf die Gnade Gottes angewiesen ist, um das Heil zu erlangen. Doch enthält seine Theologie auch einen anderen Akzent, der gerade daraus resultiert, dass Gottes Freiheit sich nicht als jene der *Via moderna* gelegentlich unterstellte »Willkürfreiheit«[41] äußert. Vielmehr beruft Biel sich auf 2 Tim 2,13, dass Gott sich selbst nicht verleugnen könne und folgert aus Augustins Auslegung, dass Gott daher auch seine Barmherzigkeit nicht verleugnen könne[42]. So schließt er: »Also gibt er sie ihm. Das aber geschieht durch Eingießung der Gnade«[43]. Hierdurch wird nun die Frage der Erlösungsbedürftigkeit bei Biel eigenartig ambivalent: alle Betonung der Erlösungsbedürftigkeit des Menschen eröffnet doch einen Weg, in welchem der Mensch, der tut, was in ihm ist, Gott in eine Situation bringt, in welcher dieser um seiner Entsprechung mit sich selbst Willen gar nicht anders

---

[37] HEIKO A. OBERMAN, Spätscholastik und Reformation. Bd. 1: Der Herbst der mittelalterlichen Theologie, Zürich 1965, 48. Insofern dürfte HANS-MARTIN RIEGER, Das radikal Böse. Der Zugang zur menschlichen Selbstverkehrung bei Kant und bei Luther, in: Theologie und Philosophie 82 (2007) 65-96, 70, zwar richtig liegen, dass Luther diese Überlegungen Gabriel Biels deswegen verwarf, weil er »eine dem Gegensatz der Totalitäten von Sünde und Gnade entnommene und insofern neutrale Anthropologie« für unangemessen hielt – allerdings hat Luther dann den Denkansatz Biels unzureichend aufgenommen.

[38] BIEL, Sent II d. 28 a. 2 concl. 1I (BIEL, Collectorium 2,538,2-4).

[39] BIEL, Sent II d. 27 a. 2 concl. 4K (BIEL, Collectorium 2,517,28).

[40] BIEL, Sent II d. 30 a. 2 concl. 1D (BIEL, Collectorium 2,557,1-3); vgl. LAWRENCE F. MURPHY, Martin Luther and Gabriel Biel: A disagreement about original sin, in: Science et Esprit 32 (1980) 51-72, 57.

[41] HANS BLUMENBERG, Säkularisierung und Selbstbehauptung. Erweiterte und überarbeitete Neuausgabe von »Die Legitimität der Neuzeit«, erster und zweiter Teil, Frankfurt ²1983, 171.

[42] Gemeint ist wohl AUGUSTIN, In Ioann tract. 53 no. 9 (CCHr 36,456,8-12), wo die explizite Anwendung auf die *misericordia* allerdings fehlt; zit. BIEL, Sent II d. 27 q. 1 concl. 4K (BIEL, Collectorium 2,517,17-19); die Bedeutung dieses Zitates hebt auch OBERMAN, s. Anm. 37, 165, hervor.

[43] BIEL, Sent II d. 27 a. 1 concl. 4K (BIEL, Collectorium 2,538,23): »ergo dat ei. Hoc autem est infundere gratiam«.

kann, als dem Menschen die Erlösung zu schenken. Diese Überlegungen Biels kehren also Ockhams Betonung der Freiheit Gottes letztlich um in eine starke Betonung der Freiheit des Menschen. Dessen Erlösungsbedürftigkeit wird als solche nicht geleugnet, aber in einer Weise ausgestaltet, die den Anteil des Menschen an dieser Erlösung in denkbar höchstem Maße ausgestaltet.

3. Erlösung als Rückkehr zum verborgenen Humanum: das mystische Erbe

Die Ambivalenz menschlicher Existenz haben auf eigene Weise auch die mystischen Autoren des späten Mittelalters aufgegriffen. Der von Meister Eckhart entfaltete Grundgedanke fasst die Erlösungsbedürftigkeit des Menschen in der Weise einer tiefsten Rückkehr in sich selbst: Ohne Gottes Beistand ist jede Kreatur letztlich defizitär, ausgezeichnet durch ein »versagen«, d.h. ein Verneinen.[44] Im Menschen ist der mit Gott verbundene Kern gegeben, den freizulegen Erlösung bedeutet. Freilich führen diese Überlegungen an die Grenzen dessen, was sich überhaupt noch in anthropologischen Beschreibungsmustern ausdrücken lässt, denn jener Kern ist zwar »ein kraft in der sêle«[45], aber ungeachtet der Gegenwart im Menschen, ist sie doch von diesem unterschieden, denn in ihr ist Gott gegenwärtig durch die fortdauernde Geburt seines Sohnes[46]. Da der Sohn mit der menschlichen Natur verbunden ist[47], bedeutet dies für Eckhart nun auch, dass eben dieser innergöttliche Vorgang als ein sich stets neu im Menschen vollziehender ein zutiefst menschlicher beziehungsweise menschenkonstitutiver ist, denn alles, was der Menschennatur Christi angehört, gehört ebenso auch jedem Menschen in seiner Natur an[48]. So gilt hierfür:

---

[44] Eckhart, Predigt 21 (Meister Eckhart, Werke. Bd. 1, hg. v. Niklaus Largier, Frankfurt/M. 1993 [Bibliothek des Mittelalters 20], 248,10f): »Alle crêatûren hânt ein versagen an in selben« (zur Übersetzung ebd. 249,12); vgl. hierzu Udo Kern, Die Anthropologie des Meister Eckhart, Hamburg 1994, 22.

[45] Eckhart, Predigt 2 (Eckhart, Werke 1 [Largier], 28,26).

[46] Eckhart, Predigt 2 (Eckhart, Werke 1,28,28-30,2). Zu Recht verweist Marie Anne Vannier, Der edle Mensch, eine Figur in Eckharts Straßburger Werk, in: FZPhTh 44 (1997) 317-334, 323, darauf, dass die anthropologischen Ausführungen Meister Eckharts ihre besondere Akzentuierung durch die Wendung gegen radikale (d.h. aus orthodoxer Sicht häretische) mystische Strömungen und ihre Vorstellung von der Vergöttlichung des Menschen gewinnen.

[47] Eckhart, Predigt 5B (Eckhart, Werke 1,68,2f).

[48] Eckhart, Predigt 5B (Eckhart, Werke 1,66,24-27).

»Der vater gebirt sînen sun âne underlâz, und ich spriche mêr: er gebirt mich sînen sun und den selben sun. Ich spriche mêr: er gebirt niht aleine sînen sun, mêr: er gebirt mich sich und sich mich und mich sîn wesen und sîne nature«[49].

Eckhart steigert sich hier zu christologisch vermittelten paradoxalen Identitätsaussagen, die die Existenz des Menschen in die Göttlichkeit hinein aufheben.

Die Paradoxie wird noch deutlicher dadurch, dass diese Präsenz Gottes im Menschen diesem selbst üblicherweise verborgen ist: Eckhart beschreibt es als eine besondere Auszeichnung für den Menschen, nur »einen blik ze einem mâle« darauf zu werfen, wie Gott tatsächlich in dieser inneren Seelenkraft ist[50]. Die höchste Form innerseelischer Präsenz also ist eben diesem Menschen entzogen – wohl nicht zuletzt, weil sich Gott in dieser Präsenzform in ein »nû« verflüchtigt, das Zeitlosigkeit und Ewigkeit zugleich bedeutet[51]. Die Erlösungsbedürftigkeit des Menschen resultiert also nicht wie bei Thomas und wie auf der Ebene der *potentia ordinata* auch bei Ockham und Biel daraus, dass eine ursprüngliche Zugabe zur natürlichen Verfasstheit des Menschen verloren gegangen wäre, sondern daraus, dass der innerste Wesenskern des Menschen diesem unzugänglich ist. In diesem Sinne aber kann man dann mit Shizuteru Ueda tatsächlich sagen, dass nach Eckhart die Seele »auf die Gottesgeburt hingeordnet ist«[52].

Diesen innersten Kern kann Eckhart mit der berühmten Wendung »vünkelîn« beschreiben[53], aber er kann ihn auch als »teile« der Seele bezeichnen, und zwar als jenen Teil mit welchem die Seele Gott gleich ist[54]. Freilich macht Eckhart an anderer Stelle wiederum deutlich, dass auch diese Vorstellung unzureichend ist, wenn er betont, dass die leibhafte Gegenwart Gottes in der Seele »mê einicheit mit gote« habe als mit irgendeiner seelenkraft[55].

Insofern dieser Teil gottgleich ist, ist von ihm gewiss Erlösungsbedürftigkeit auszuschließen. Zugespitzt kann man also von einer konditionierten Erlösungsbedürftigkeit des Menschen bei Eckhart sprechen, dergestalt dass der Mensch insofern er jenes Seelenfünklein nicht wahrnimmt, auf Erlösung angewiesen ist, und zwar auf eine Erlösung, die im Wesentlichen darin besteht, sich von allem zu lösen, das von diesem innersten Kern ablenkt, das heißt, von allem, wodurch der

---

[49] ECKHART, Predigt 6 (Eckhart, Werke 1,82,27-31).
[50] ECKHART, Predigt 2 (Eckhart, Werke 1,30,7-9).
[51] ECKHART, Predigt 2 (Eckhart, Werke 1,30,14-24).
[52] SHIZUTERU UEDA, Die Gottesgeburt in der Seele und der Durchbruch zur Gottheit. Die mystische Anthropologie Meister Eckharts und ihre Konfrontation mit der Mystik des Zen-Buddhismus, Gütersloh 1965, 50.
[53] ECKHART, Predigt 9 (ECKHART, Werke 1,110,8); 20B (ebd. 240,3) u.ö.
[54] ECKHART, Predigt 2 (ECKHART, Werke 1,30,7-9).
[55] ECKHART, Predigt 48 (ECKHART, Werke 1,506,29f).

Mensch an der geschöpflichen Welt[56] und damit letztlich an sich selbst hängt[57]. Alles Geschöpfliche nimmt Gott gewissermaßen Platz fort, es zu beseitigen erhöht die Präsenz Gottes, genauer: die Wahrnehmbarkeit der Präsenz Gottes im Menschen[58]. In diesem Sinne kann Eckhart dann die Rückkehr zur wesentlichen Seinsweise auch mit dem Begriff der »natûre« beschreiben, freilich insofern, als es sich um die heilbringende Menschennatur Christi handelt[59]. Als solche ist sie unterschieden von der individuellen »persônen«[60]. Das Erlösungsziel also ist der Rückzug von Individualität hin zur allgemeinen Menschennatur, die ihrerseits Gottessohnschaft bedeutet.

Johannes Tauler hat bekanntlich viele der Gedanken Eckharts aufgegriffen und weitergeführt. Zugleich hat er sie gelegentlich deutlicher mit der Sprache traditioneller christlicher Dogmatik verbunden. So erzählt er von einem Gespräch mit einem »hohen edelen menschen«. Diesen habe er gefragt, was sein »hôheste fúr wurf« sei, womit im vorliegenden Zusammenhang wohl der Gegenstand der Betrachtung gemeint ist. Die Antwort dieses Menschen lautete: »súnde, und also kum ich in minen Got«[61].

Formulierungen wie diese scheinen ein Verständnis der Erhebung des Menschen aus eigener Kraft zu Gott nahezulegen, also eine ähnliche Eigenaktivität des Menschen, wie sie als eine mögliche Deutung auch bei Biel aufschien. Doch ist das Gegenteil der Fall, denn zu den Grundeinsichten der Mystik gehört die Nichtigkeit des Menschen in seiner Kreatürlichkeit:

»Wan alles das geschaffen ist, das ist als unaussprechlich verre under Gotte als ein luter nicht gegen vollem wesende«[62].

Nichtigkeit aber bedeutet: radikale Erlösungsbedürftigkeit. Und so sind sich die mystischen Autoren des 14. Jahrhunderts sehr bewusst, dass die Autorschaft am

---

[56] ECKHART, Predigt 5B (ECKHART, Werke 1,68,17f).
[57] ECKHART, Predigt 48 (ECKHART, Werke 1,508,6f).
[58] ECKHART, Predigt 5B (ECKHART, Werke 1,72,4-9).
[59] ECKHART, Predigt 5B (ECKHART, Werke 1,68,6-8).
[60] ECKHART, Predigt 5B (Eckhart, Werke 1,68.8).
[61] TAULER, Predigt V 81 (Die Predigten Taulers aus der Engelberger und der Freiburger Handschrift sowie aus Schmidts Abschriften der ehemaligen Straßburger Handschriften, hg. v. FERDINAND VETTER (Deutsche Texte des Mittelalters 11), Berlin 1910 = Dublin 1968, 433,16-18).
[62] TAULER, Predigt V 67 (Die Predigten Taulers 368,30-32); vgl. hierzu MICHAEL EGERDING, Johannes Taulers Auffassung vom Menschen, in: FZPhTh 39 (1992) 105-129, 108; zum Zusammenhang zwischen kreatürlicher Nichtigkeit und göttlichem Wirken s. ebd. 116.

Erlösungsgeschehen allein Gott zukommt. Die Andeutung einer Identität zwischen Mensch und Gott ist klarerweise asymmetrisch und so ist auch die Aktivität im Heilsgeschehen klar ungleichgewichtig:

> »Wan Got hat disen menschen als gar in sich gezogen das der mensche wirt durch gossen und über formet, das Got dis menschen werk würket. Und dis heisset wol ein gotformiger mensche, wan Got lebet und weset und würket in im alle sine werk und gebruchet sin selbes in ime«[63],

heißt es in einer Predigt Johannes Taulers über den Großen Fischfang nach Lk 5,1-11. Mit großer Radikalität drückt er so den Gedanken der Alleinwirksamkeit Gottes aus, der bei Eckhart sogar noch massiver in der Vorstellung einer ontologischen Ausschließlichkeit Gottes begegnen kann, wenn diesem die volle Identität mit dem Sein zugesprochen wird[64], derzufolge alle Geschöpfe auch der Mensch nur noch defiziente Seinsformen aufweisen können. In der einen wie der anderen Form wird deutlich, dass die Theologie der oberrheinischen Mystik eine Theologie betonter Abhängigkeit des Menschen von Gott bedeutet. Diesem allein kommen Sein und Wirken zu – genau deswegen kann letztlich der Weg zu Gott von Seiten des Menschen nur ein negativer sein: die von Meister Eckhart als Hauptinhalt seiner Predigt charakterisierte *abegescheidenheit*[65]. Ihr kommt im wahrsten Sinne des Wortes die Aktivität Gottes entgegen, sei es im neuplatonischen Sinne als Ausfließen beschrieben, sei es christologisch konzentriert als Gottesgeburt. Erlösung als Rückkehr zum eigentlichen, nämlich göttlichen Kern des Menschen kann demnach von diesem selbst nicht herrühren, sondern basiert allein auf dem Tun Gottes. Und doch bietet die mystische Konzeption eine Vorstellung von der Erlösung, deren innerster Kern die Aufwertung des Innersten des Menschen ist.

Wie bei Biel ist allerdings zu bedenken, dass die Betonung der Alleinwirksamkeit Gottes auf der Ebene der Theorie mit Überlegungen und Praktiken konvergieren kann, welche menschlichem Handeln weit mehr Raum geben. Das ist dort der Fall, wo mystische Überlegungen in spirituelle Wegbegleitung überführt wird, wie es besonders deutlich in der *Devotio moderna* geschah. Nachvollziehen lässt sich dies etwa an dem Traktat *De reformatione virium anime*[66] Gerhard

---

[63] TAULER, Predigt V 41 (Die Predigten Taulers 175,16-22).
[64] S. die berühmten Aussagen zum »Esse est Deus« in Eckhart, *Prologus generalis* Nr. 12 (Meister Eckhart, *Studienausgabe der Lateinischen Werke*. Bd. 1: Prologi in Opus tripartitum, Expositio Libri Genesis, Liber Parabolarum Genesis, hg. v. LORIS STURLESE UND ELISA RUBINO, Stuttgart 2016, 8); DERS., *Prologus in Opus propositionum* Nr. 1 (ebd. 16) u.ö.
[65] ECKHART, Predigt 53 (ECKHART, Werke 1,564,6-14).
[66] GÉRARD ZERBOLT DE ZUTPHEN, Manuel de la réforme intérieure / Tractatus devotus de reformacione virium anime, hg. v. FRANCIS JOSEPH LEGRAND, Turnhoult 2001.

Zerbolds von Zutphen (1367-1398). Den Unterschied des *status rectitudinis et innocentiae* zur erlösungsbedürftigen Sündenverfasstheit des Menschen illustriert der geistliche Autor anhand des Weges, den der Mensch im Gleichnis vom Barmherzigen Samariter vom hohen Jerusalem zum niederen Jericho durchschreitet[67]. Hinabgestiegen, das heißt, gefallen vom ursprünglichen Stand, fehlt es dem Menschen an der Reinheit der vernünftigen Schau Gottes, wie sie ihm schöpfungsgemäß zukam[68]. Sünde also ist Verfehlung des Humanum, aus der allein die Selbsterkenntnis eben dieser sündigen Verfehlung wieder hinausführen kann[69]. Es ist ein Wechselspiel aus Bibellektüre, Meditation und Gebet, das den Sünder dann nach und nach auf Christus und damit zu sich selbst zurück lenken kann[70]. Die Erlösung führt also über die monastische Praxis meditativer Bibellektüre mit dem Ziel, jene verloren gegangene *puritas cordis* wieder zu erlangen[71]. Alle diese Übungen dienen zu einem klaren Ziel, »dass (...) du wissen mögest, wie viel Weg dir übrig bleibt, damit du zurückgehst, um jenen Stand zu erlangen«[72]. Erlösung als Rückkehr zum Ursprünglichen, nun nicht explizit wie bei Thomas im Sinne einer additiven Ergänzung der Naturausstattung, wohl aber im von Thomas geprägten Sinne einer Ordnung der durcheinandergebrachten Seelenkräfte: Dies zeichnet hier nicht allein theologische Lehre, sondern in eminenter Weise spirituelle Wegweisung aus, ausgedrückt im Begriff der *reformatio*: »Lüste und ungeordnete Begierden auszulöschen, das heißt, die Seelenkräfte zu reformieren«[73].

4. Die Entwicklungsfähigkeit des Menschen im Humanismus

Das gesamte Spektrum des Humanismus kann in diesem Zusammenhang nicht vorgestellt werden. Es reicht zunächst, sich zu verdeutlichen, dass es breit ist. So gibt es durchaus humanistische Konzepte, denen der Gedanke einer Erlösungs-

---

[67] ZERBOLD, De reformatione I,2-14 (Ed. Legrand 94).
[68] ZERBOLD, De reformatione I,25-35 (Ed. Legrand 96).
[69] ZERBOLD, De reformatione IV,18f (Ed. Legrand 108).
[70] ZERBOLD, De reformatione XV,35-40 (Ed. Legrand 144-146); vgl. dazu NIKOLAUS STAUBACH in der Einführung ebd. 19.
[71] ZERBOLD, De reformatione XV,5-7 (Ed. Legrand 142).
[72] ZERBOLD, De reformatione II,19f (Ed. Legrand 98): »*ut* (...) scias quanta tibi restat via ut ad illum statum proficiendo redeas«.
[73] ZERBOLD, De reformatione III,57f (Ed. Legrand 104): »Cupiditates et inordinatas concupiscentias extinguere, est vires anime reformare«.

bedürftigkeit des Menschen eher fremd ist. So kommt Giovanni Pico della Mirandola, in vielem seinem Lehrer Marsilio Ficino folgend[74], in seiner Rede *De hominis dignitate*[75], die als Eröffnungsrede für die Disputation seiner 900 Thesen in Rom gedacht war[76], ohne explizite Erklärung der sündhaften Begrenzung des Menschen aus. Das bedeutet freilich nicht, dass sein Bild vom Menschen ohne Gott auskäme. Vielmehr gilt auch hierfür die Feststellung von Paul Oskar Kristeller:

> »I believe that there is at least a core of truth in the view that Renaissance thought was more ›human‹ and more secular, although not necessarily less religious, than medieval thought«[77].

Den Menschen zeichnet nach Pico aus, dass er zwischen Himmel und Erde geschaffen ist und je nach Entfaltung seiner Seelenanlagen, die er als gottgegebene *semina* und *germina* versteht zum Irdischen oder zum Himmlischen tendieren kann[78]. Aufgabe ist es, in einer wahren *theologia* den Frieden anzustreben[79] und so zur Herrlichkeit der Gottheit (*divinitatis gloria*) aufzusteigen[80]. Dies liegt erkennbar in des Menschen Macht, dem ein mehrfaches:»*Poteris*« gilt[81]: Der Mensch vermag sich in die eine oder andere Richtung zu entfalten – so dass man hier wohl eher von einer Entwicklungsfähigkeit des Menschen als von einer Erlösungsbedürftigkeit ausgehen kann. Freilich löst Pico sich keineswegs ganz von

---

[74] PAUL OSKAR KRISTELLER, Renaissance Concepts of Man and other Essays, New York a.u. 1972, 13.

[75] Dieser Titel wurde der Rede später hinzugefügt; KRISTELLER, s. Anm. 74, 11; BERNARD MCGINN, Würde und Gottebenbildlichkeit des Menschen bei Nikolaus von Kues, Marsilio Ficino und Giovanni Pico della Mirandola, Trier 2010, 27.

[76] KRISTELLER, s. 74 Anm. 11. MANFRED SCHULZE, Der Streit um den Menschen in Humanismus und Reformation. Pico della Mirandola – Erasmus von Rotterdam – Martin Luther, in: MARTIN HEIMBUCHER (HG.), Hilfreiches Erbe? Zur Relevanz reformatorischer Theologie. FS Hans Scholl, Bovenden 1995, 76-97, 80f, hat diesen Anlass interpretatorisch eng mit der Rede *De dignitate hominis* verbunden: Sie bildet gewissermaßen den Auftakt für eine Inszenierung des universalen Wissens der Menschheit, und eben dies begründet das in ihr mitschwingende Freiheitspathos.

[77] KRISTELLER, s. Anm. 74, 2.

[78] GIOVANNI PICO DELLA MIRANDOLA, De hominis dignitate / Über die Würde des Menschen, hg. u. eingel. v. AUGUST BUCK, Hamburg 1990, 6; vgl. zu dieser Schrift OLIVER W. LEMBCKE, Die Würde des Menschen, frei zu sein. Zum Vermächtnis der »Oratio de hominis dignitate« Picos della Mirandola, in: ROLF GRÖSCHNER U.A. (HG.), Des Menschen Würde – entdeckt und erfunden im Humanismus der italienischen Renaissance, Tübingen 2008, 159-186.

[79] PICO, De hominis dignitate 18.

[80] PICO, De hominis dignitate 22.

[81] PICO, De hominis dignitate 6. KRISTELLER, s. Anm. 74, 13, betont freilich zu Recht, dass Pico gleichwohl keineswegs die Lehren über Gnade und Prädestination explizit bestreitet.

den Grundvoraussetzungen christlicher Begrenztheit des Menschen. Bernard McGinn hat darauf hingewiesen, dass Pico den Aufstieg als eine Steigerung durch Engelshierarchien bis hin zu Gott selbst skizziert[82], er also ganz in der dionysischen Tradition der Mystik steht. So ist denn auch ihm zufolge der Mensch in seinem irdischen Stand keineswegs vollkommen, aber er ist in einen Stand versetzt, der ihm selbst die Möglichkeiten anheimgibt, eben diese Vervollkommnung zu erreichen.

Dass auch humanistische Denker den Weg von der Schöpfung zur Vervollkommnung nicht stets so direkt beschreiten wie Pico, zeigt sich bei Erasmus von Rotterdam. Sein »Enchiridion militis christiani« ist vor allem auf die Gestaltung der Lebensführung, mithin in gewisser Weise auch auf Vervollkommnung des Lebenswandels ausgerichtet. Dabei helfen wie bei Zerbold Gebet und Schriftlektüre und -meditation entscheidend, wie er in seinen einleitenden Bemerkungen über die *arma* des christlichen Streiters hervorhebt: Wissen und Gebet seien, so führt er zunächst aus, die entscheidenden Waffen[83], um dieses dann auf die Schrift zuzuführen, von welcher gilt, dass der christliche Streiter sie »Tag und Nacht meditieren« werde[84]. Hierin ist Erasmus offenkundig dem Erbe der *Devotio moderna* verbunden. Schon diese Einbettung in die biblische Meditation, aber auch die gezielte Ausrichtung des Handbüchleins auf den christlichen Streiter machen deutlich, dass seine Überlegungen stärker in einen klassischen Rahmen christlicher Erlösungslehre eingebettet sind. So gehört zu seinen einleitenden Darlegungen auch der Hinweis darauf, dass der Christ Christus das Leben zweimal schulde[85]. Der Weg von der Schöpfung her ist also nicht unmittelbar wie bei Pico, sondern gebrochen durch Sünde und die durch das *pretium sanguinis* erfolgte Erlösung[86]. Der Mensch gewinnt also erst durch Christus die Möglichkeit zur Vervollkommnung und ist zu deren Verwirklichung auch auf den dauernden Beistand Gottes angewiesen, ohne den die Seele tot wäre[87] - dies stellt den Hintergrund für die beschriebene biblische Meditation dar.

---

[82] MCGINN, s. Anm. 75, 29f. Explizit geht Pico auf die Engelschöre in seinem »Heptaplus« ein (s. ebd. 31).

[83] ERASMUS, Enchiridion militis christiani (Erasmus von Rotterdam, Ausgewählte Schriften, hg. v. WERNER WELZIG, Bd. 1, Darmstadt ²1990, 74-76).

[84] ERASMUS, Enchridion militis christiani (ERASMUS, Schriften 1, 82): »in lege domini meditaberis die ac nocte«. Möglicherweise ist Erasmus auch derjenige, durch welchen Luthers Transformation der Vorstellungen von der *lectio divina* neben *oratio* und *meditatio* auch die *tentatio* berücksichtigte, denn diese erscheint in diesem Zusammenhang, freilich als jederzeit durch die Schriften abgewehrt, auch bei Erasmus (a.a.O. 78).

[85] ERASMUS, Enchiridion militis christiani (ERASMUS, Schriften 1, 62): »duci Christo, cui bis vitam debebas«.

[86] ERASMUS, Enchiridion militis christiani (ERASMUS, Schriften 1, 62).

[87] ERASMUS, Enchiridion militis christiani (ERASMUS, Schriften 1, 70).

In den beiden Denkfiguren, die hier nur kurz angerissen werden konnten, zeigt sich die Spannung humanistischen Denkens, in dessen Horizont deutlicher als in Scholastik und geistlicher Literatur des Mittelalters die Vorstellung von einem Menschen entstand, der seine Vervollkommnung selbst herbeiführen kann, der aber doch zumal in seiner nordalpinen Ausgestaltung weiter die Vorstellung von der Erlösungsbedürftigkeit des Menschen mitführt, freilich in einer Weise, die den Akzent besonders auf die daraus folgenden Bemühungen des Menschen legt.

5. Die verlorene Bestimmung: Martin Luther

Für Martin Luther ist die Erlösungsbedürftigkeit des Menschen bekanntlich geradezu Definiens des Menschen:

> »Paulus bietet mit Röm 3[,28]: ›So meinen wir, dass der Mensch aus dem Glauben ohne Werke gerechtfertigt werde‹, auf das Kürzeste die Definition des Menschen, indem er sagt, der Mensch werde durch den Glauben gerechtfertigt"[88]

- so heißt es in These 32 der *Disputatio de homine* von 1536. Der Mensch ist definiert als *iustificandus*.

---

[88] Martin Luther, Disputatio de homine (WA 39/1,176,33-35): »Paulus Rom. 3: Arbitramur hominem iustificari fide absque operibus, breviter hominis definitionem colligit, dicens, hominem iustificari fide«; vgl. hierzu Karl-Heinz zur Mühlen, Die Anthropologie Martin Luthers im Lichte der Eschatologie, in: Luther-Bulletin 12 (2003) 72-91, 79-81; Heinrich Döring, Rechtfertigung im Glauben als »Definition des Menschen«. Luthers Versuch einer theologischen Grundlegung der Anthropologie, in: Martin Thurner (Hg.), Die Einheit der Person. Beiträge zur Anthropologie des Mittelalters. FS Richard Heinzmann, Stuttgart 1998, 399-415; Bengt Hägglund, Theologische und philosophische Anthropologie bei Luther, in: Studia Theologica 37 (1983) 101-124, 110.

Dieses Verständnis einer grundlegenden Erlösungsbedürftigkeit des Menschen[89] ist nur vor diesem vielfältigen Hintergrund zu verstehen[90]. Dabei sind neben Paulus und Augustin vor allem die Einflüsse Gabriel Biels und Johannes Taulers bedeutsam. Luther hat sich zunächst in seinem Sentenzenkommentar noch stark an Gabriel Biel orientiert[91]. Im Zusammenhang seiner Beschäftigung mit dem Römerbrief und mit Johannes Tauler in den Jahren 1515/16 kam es nun allerdings zu einer Vertiefung des Sündenverständnisses. Sie drückt sich in der Rede vom *peccatum radicale*[92] in der Römerbriefvorlesung aus. Diese Vorstellung von der Wurzelsünde bezieht sich zunächst auf die Ausstrahlung auf die weiteren, von dieser Wurzel ausgehenden Sünden, bringt aber auch den Gedanken mit sich, dass der Mensch grundlegend von der Sünde tangiert ist. In der oben erwähnten Predigt über den wunderbaren Fischfang las er:

> »In der warhait bleybestu da bey. die geburt ist nahe, vnnd sol in dir geboren werden. Vnnd wißse auf mich. das nymmer kain gedrenge in dem menschen auff steet gott wölle nach dem ain new geburtt in ym ernewen Vnd wisse welch sach dir das gedrenge oder druck benimmet oder gestillet oder lößet, das sich das selb gebiret in dich. und des ist die geburt«[93]

---

[89] Üblicherweise wird die Anthropologie Martin Luthers mit den Begriffen der Externität und der Relationalität beschrieben, s. etwa zusammenfassend NOTGER SLENCZKA, Die Anthropologie Martin Luthers. Selbstverständnis und Selbstmissverständnis in unfreier Freiheit, in: ELISABETH GRÄB-SCHMIDT/RAINER PREUL (HG.), Anthropologie (MJTh 29), Leipzig 2017, 85-116; dem kann ich ohne Weiteres folgen, freilich nicht ohne den Hinweis, das auch der Gedanke externer Personkonstitution des Menschen nicht etwa einfach dem Mittelalter gegenüber steht, sondern in der mystischen Anthropologie Johannes Taulers gefunden werden kann (s. VOLKER LEPPIN, Externe Personkonstitution bei Johannes Tauler, in: DERS., Transformationen. Studien zu den Wandlungsprozessen in Theologie und Frömmigkeit zwischen Spätmittelalter und Reformation, Tübingen 2015. Studienausg. 2018 [Spätmittelalter, Humanismus, Reformation 86], 127-136).

[90] Die Sündenlehre Luthers kann hier nur ganz ausschnitthaft dargestellt werden, ebenso die Fülle der hierauf bezogenen Forschungsliteratur. Ausdrücklich verwiesen sei auf JEREMIAS GOLLNAU, Abwendung von der Gottesgemeinschaft. Luthers Sündenbegriff in der »Großen Genesisvorlesung« (1535-1545), Berlin/Boston 2016 (TBT 177).

[91] S. zur Sündenlehre VOLKER LEPPIN, Aristotelisierung, Immediatisierung und Radikalisierung. Transformationen der Sündenlehre von Thomas von Aquin bis Martin Luther, in: DERS., Transformationen. Studien zu den Wandlungsprozessen in Theologie und Frömmigkeit zwischen Spätmittelalter und Reformation, Tübingen 2015. Studienausgabe 2018 (Spätmittelalter, Humanismus, Reformation 86), 303-331, 322-324.

[92] MARTIN LUTHER, Römerbriefvorlesung (WA 56,277,12).

[93] Sermones: des hoch| geleerten in gnaden erleüchten do|ctoris Johannis Thaulerii sannt | dominici ordens die da weißend | auff den nächsten waren weg im | gaist zů wanderen

Der Gedanke des Wirkens Gottes nun führte ihn zu einer radikalen Beschreibung des hilflosen Standes des Menschen:

»So wie die Materie, wenn sie zu leiden beginnt, in eine andere Form überführt zu werden beginnt und wenn sie da dem Handelnden widerstrebt, wohl die vorherige [Form] verlangt und doch auch die folgende nicht erlangt, so verhält es sich auch hier, weil wir Materie Gottes (*materia Dei*) und Ton sind«[94]

Luther griff offenkundig auf das alttestamentliche Bild von Gott als dem Töpfer und dem Menschen als Ton zurück, um die Radikalität der Angewiesenheit des Menschen auf Gott herauszustreichen. Inhaltlich geformt hat er diesen Gedanken in Auseinandersetzung mit Paulus und Tauler, die ihm keineswegs als divergent erschienen.

Eben dies führte ihn nun zu einer deutlichen Abkehr von den Grundüberlegungen Gabriel Biels – umgekehrt wird man sagen können, eben die Auseinandersetzung mit diesem für seine Entwicklung so wichtigen Denker hat seine Aufmerksamkeit für gegenläufige Tendenzen bei Biel und Paulus geschärft. Schon das erste programmatische Auftreten der Wittenberger Theologie, die Disputation »*De viribus hominis sine gratia*« vom September 1516[95] zieht hier klare Grenzen gegen diejenigen Elemente von Gabriel Biels Denken, die die Angewiesenheit des Menschen auf eine von außen kommende Erlösung zu minimieren scheinen. Diese Stoßrichtung ist schon in der ausführlichen Frage erkennbar, die der Disputation zugrunde liegt: »Kann der Mensch, geschaffen zum Ebenbild Gottes, aufgrund seiner natürlichen Kräfte die Vorschriften Gottes einhalten und irgendetwas Gutes tun oder denken und mit der Gnade Verdienste erbringen und diese

---

durch überswe| bendenn syn. Von latein in teütsch | gewendt manchem menschenn zů | såliger fruchtbarkaitt, Augsburg: Hans Otmar 1508 111ᵛ; das Zitat erfolgt hier nach dem Augsburger Druck, den Luther in seiner Tauler-Lektüre benutzt hat. In der üblicherweise benutzten Vetter-Ausgabe findet sich die entsprechende Stelle in TAULER, Predigt V 41 (Die Predigten Taulers 172,14-19).

[94] MARTIN LUTHER, Randbemerkungen zu Tauler (WA 9,103,12-15): »Sicut quando materia incipit pati, ad aliam formam incipit duci, qua si resistat agenti et priorem amittit et sequentem non consequitur: ita hic, quia nos sumus materia dei et lutum«.

[95] Zu den Datierungsschwierigkeiten s. MATTHIAS BARAL, »Theologia nostra«. Die Disputation des Bartholomäus Bernhardi von 1516 und Luthers Römerbriefvorlesung. Eigenständige Fortentwicklung oder unkritische Reproduktion?, in: ZKG 124 (2014) 57-68.

erkennen?«[96] Die weitreichenden Zugeständnisse Biels an einen Menschen in seinem natürlichen Zustand, an den, der tut, was in ihm ist[97], sind es also, die Luther hier provozieren. Bekanntlich hat auch diese Stoßrichtung gegen Biel die Disputation gegen die scholastische Theologie geformt, die Luther im September 1517 vortrug. Hier auch bezog Luther die gänzliche Angewiesenheit des Menschen auf Gott auf Gedanken der Wahlfreiheit[98]. Vermittelt über die Heidelberger Disputation führte dies schließlich zur Auseinandersetzung mit Erasmus von Rotterdam über den freien Willen. Wiederum kann auch dieser Themenkomplex nicht im Einzelnen nachgezeichnet werden – es zeigt sich an ihm, dass Luther in seiner Auseinandersetzung mit Konzepten, in denen er die Erlösungsbedürftigkeit des Menschen nicht zureichend bestimmt sah, durch bestimmte Strömungen des späten Mittelalters und des Humanismus beeinflusst war.

Das Erbe anderer Strömungen hingegen behielt er bei, nicht nur das Augustins und des Paulus, sondern auch der Mystik: Die Debatten des 20. Jahrhunderts über Mystik und Anthropologie, wie sie sich vor allem um Emil Brunners Vorstellung von einem »Anknüpfungspunkt« rankten[99], haben den falschen Eindruck entstehen lassen, als läge in der Anthropologie ein unüberbrückbarer Graben zwischen Mystik und reformatorischer / evangelischer Theologie[100]. Dies ist zwar insoweit berechtigt, als in der Tat Luthers Vorstellung von der Erlösung nicht im oben beschriebenen Sinne als Freilegung einer im Menschen verbliebenen Verbindung mit Gott selbst zu denken ist. Historisch aber wurde zu einem zentralen Gedanken in Martin Luthers Anthropologie gerade ein Erbstück aus der oberrheinischen Mystik: In der 35. These seiner *Disputatio de homine* von 1536 erklärte Luther: »Daher ist der Mensch in diesem Leben eine reine Materie Gottes

---

[96] MARTIN LUTHER, Quaestio de viribus hominis (WA 1,145,5-9): »An homo, ad Dei imaginem creatus, naturalibus suis viribus Dei creatoris praecepta servare aut boni quippiam facere aut cogitare atque cum gratia mereri meritaque cognoscere possit?«

[97] MARTIN LUTHER, Quaestio de viribus hominis (WA 1,148,14f).

[98] MARTIN LUTHER, Disputatio contra scholasticam theologiam (WA 1,15-19): »5. Falsitas est quod appetitus liber potest in utrunque oppositorum, immo nec liber sed captivus est. Contra communem. 6. Falsitas est quod voluntas possit se conformare dictamini recto naturaliter. contra Sco. Gab. 7. Sed necessario elicit actum difformem et malum sine gratia dei.«

[99] S. EMIL BRUNNER, Natur und Gnade. Zum Gespräch mit Karl Barth, Tübingen 1934, 18, sowie die berühmte Erwiderung: KARL BARTH, Nein! Antwort an Emil Brunner, München 1934 (TEH 14).

[100] Dies betont, nun allerdings als »radical difference«, STEVEN E. OZMENT, Homo spiritualis. A comparative study of the anthropology of Johannes Tauler, Jean Gerson and Martin Luther (1509-1516) in the context of their theological thought, Leiden 1969 (SMRTh 6), 203.

zum Leben seiner künftigen Form«[101]. Selbst noch den gründlichen Untersuchungen dieser Disputation durch Gerhard Ebeling[102] ist es entgangen, dass diese Deutung des menschlichen Lebens ihre Wurzel in der oben beschriebenen Tauler-Lektüre Luthers und dem dort entwickelten *materia*-Gedanken hat. Sie dient dazu, festzuhalten, dass der Mensch ganz und gar der Erlösung bedürftig und ihrer als Glaubender durch Gott auch teilhaftig ist.

Schlussüberlegungen

Martin Luthers Anthropologie steht, so haben die vorliegenden Überlegungen gezeigt, den mittelalterlichen Diskursen nicht einfach gegenüber, sondern hat an ihren unterschiedlichen Ausrichtungen Anteil. In der Abgrenzung gegen Biel hat Luther dessen Zuspitzung Ockhams kritisch aufgegriffen, in seiner Fortschreibung der Mystik möglicherweise deren eigene Anliegen in paulinischem Kontext zugespitzt.

Eine solche Deutung Luthers würde allerdings steckenbleiben, wenn sie nicht mehr sein wollte als eine gediegene Historisierung. Hermeneutisch gesprochen dient sie einer Verflüssigung verfestigter Wahrnehmungen. Luther nicht allein den mittelalterlichen Konzepten gegenüberzustellen, bedeutet die einfache Opposition aus mittelalterlicher und reformatorischer Theologie aufzulösen zugunsten der Frage nach den leitenden Intentionen. Diese ist für Luther sehr deutlich die Wahrung der Alleinigkeit und Souveränität Gottes im Heilsgeschehen. Die negative Zeichnung menschlicher Möglichkeiten ist in seinen Augen die konsequente Kehrseite dieser Alleinwirksamkeit Gottes. In Scholastik wie Mystik treten verschiedene Denkformen auf, die versuchen, eben diese Alleinwirksamkeit Gottes mit einer konditionierten Aktivität des Menschen zusammenzudenken. Sei es, dass bei Thomas der Mensch als handelnder in den von der

---

[101] MARTIN LUTHER, Disputatio de homine (WA 39/1,177,3f): »Quare homo huius vitae est pura materia Dei ad futurae formae suae vitam.«

[102] Zur These s. GERHARD EBELING, Lutherstudien. Bd. 2, 3: Disputatio de homine, Tübingen 1989, 472-526; DERS., Das Leben – Fragment und Vollendung. Luthers Auffassung vom Menschen im Verhältnis zu Scholastik und Renaissance, in: ZThK 72 (1975) 310-336, 315-324. Angesichts der offenkundigen Anknüpfung Luthers an mystische Theologie in diesem Zusammenhang müsste man diese Auffassung Luthers wohl von Vorstellungen eines schroffen Gegensatzes Luthers zu seiner Zeit entschlacken und auf sein positives Verhältnis zur Mystik beziehen. Das würde dann allerdings der Zusammenfassung Ebelings eine brisante Pointe geben, wenn er schreibt: »Dieser Bruch mit einer anthropologischen Selbstverständlichkeit seiner Zeit ist ohne Parallele und von grundstürzender Bedeutung.« (EBELING, a.a.O. 325). Als grundstürzend in Ebelings Sinne wäre demnach Luthers Mystikrezeption einzuordnen.

Gnade getragenen Gesamtzusammenhang der Erlösung eingebunden wird, sei es, dass wenigstens durch die Distanznahme von der Welt und sich selbst in der oberrheinischen Mystik der Mensch eine auf vollendete Passivität zuführende Rolle im Erlösungsgeschehen zugesprochen bekommt. Keines dieser Modelle bestreitet die Erlösungsbedürftigkeit des Menschen und seiner Angewiesenheit auf Gott für die Erlösung. Sie geben allerdings der menschlichen Selbstwahrnehmung als eines willentlich gesteuerten Wesens Raum. Insofern bringen sie die Anfrage an eine von Luther geprägte Anthropologie mit sich, ob diese ihre Schärfen nicht gerade dadurch gewonnen hat, dass der Reformator sein Gegenüber vereinseitigend durch die Bielsche Theologie und den Humanismus wahrgenommen hat und daher die hochdifferenzierte theologische Debatte nicht zu würdigen vermochte.

Neben der Frage nach der konditionierten Eigenaktivität des Menschen im Erlösungsprozess wirft diese auch noch eine weitere Frage auf: ob nämlich Erlösungsbedürftigkeit in hamartiologischer Perspektive zureichend bestimmt ist. Insbesondere Thomas von Aquin hat betont, dass der Mensch bereits in seinem natürlichen geschaffenen Zustand auf eine besondere Gnade Gottes angewiesen ist. Die Erlösungsbedürftigkeit ergibt sich dann nicht allein aus dem Sündenfall, sondern aus der mit der Schöpfung mitgegebenen Begrenztheit des Menschen. Erlösungsbedürftigkeit wäre dann besser bestimmt als Vervollkommnungsbedürftigkeit des Menschen. Sie hätte ihren Ort nicht allein in der Lehre vom Fall, sondern wäre ein Aspekt der Schöpfungslehre.

Differenzerfahrung und personale Identität

Zur Plausibilisierung theologischer Rede von der Erlösungsbedürftigkeit des Menschen

Dorothee Schlenke

Am 26. Januar 2019 versah die Frankfurter Allgemeine Zeitung[1] einen ausführlichen Artikel zum Stand der parlamentarischen Kontroverse um den Brexit-Deal im Westminster Palace mit dem Untertitel: »In Britannien ist vieles aus dem Lot geraten, und eine Erlösung ist nicht in Sicht.« *Eine Erlösung ist nicht in Sicht* – Diese säkulare Verwendung des Erlösungsbegriffs und die mit seiner Verneinung implizierte Erlösungsbedürftigkeit, jedenfalls der Parlamentarier des Vereinigten Königreiches, enthüllt bei genauerem Hinsehen eine ganze Reihe wesentlicher Begriffsbestimmungen des Themas dieser Tagung: *Erlösungsbedürftigkeit* ist zunächst und vor allem eine Abstandsbestimmung: »Vieles ist aus dem *Lot* geraten«, maßlos geworden. Egoismen werden als gemeinwohlorientierte Politik ausgegeben, die *Integrität* der Protagonisten und Protagonistinnen medial ruiniert, alle Beteiligten, Brexiteers wie Remainers, sind hoffnungslos in ihre je eigenen Positionen *verstrickt*, *Differenzen* nicht mehr vermittelbar, *von sich aus* scheint keine Lösung mehr möglich. Und, wie der Artikel zu Recht betont, trifft dies genau deswegen zu, weil längst nicht mehr nur »Zollvereinbarungen, Binnenmarktregularien oder Backstop-Austrittsmechanismen« zur Debatte stehen, sondern »das große Ganze [...]: Britanniens politische Kultur, sein sozialer Frieden, sein Platz in der Welt, letztlich seine nationale *Identität*« verhandelt wird.

»Braucht der Mensch Erlösung?« – Die Leitfrage dieser Tagung berührt den Kern christlicher Identität: Der erlösungsbedürftige Mensch als vergebungsbedürftiger Sünder und das Erlösungsgeschehen in seiner personalen Dimension als Sündenvergebung, wie dies nach evangelisch-lutherischem Verständnis in der soteriologischen Zentralstellung der Rechtfertigungslehre zum Ausdruck kommt. Wolfhart Pannenberg hat die »Wirklichkeit des Menschseins in ihrer

---

[1] Vgl. JOCHEN BUCHSTEINER, Ein Land wie Prinz Philip, in: FAZ Nr. 22 vom 26.01.2019, 3.

ganzen Breite« als dasjenige Feld angesehen, auf dem der allgemeingültige Wahrheitsanspruch des Christentums aufzuweisen sei und dementsprechend seine »Anthropologie« (1983) ausgehend von allgemeinanthropologischen Befunden in fundamentaltheologischer Abzweckung entfaltet.[2] In seiner »Systematischen Theologie« betont Pannenberg daher im Blick auf den Sündenbegriff konsequent: »Die christliche Rede vom Menschen als Sünder ist nur dann realitätsgerecht, wenn sie sich auf einen Sachverhalt bezieht, der das ganze Erscheinungsbild des menschlichen Lebens unabweisbar kennzeichnet und der als solcher auch ohne Voraussetzung der Offenbarung Gottes erkennbar ist, obwohl seine eigentliche Bedeutung erst durch sie aufgedeckt werden mag.«[3]

Ein solcher Versuch fundamentalanthropologischer Vermittlung des Sündenbegriffs sieht sich gegenwärtig in mehrfacher Hinsicht kritischen Infragestellungen ausgesetzt: So durch die weit verbreitete Wahrnehmung theologisch-kirchlicher Sündenlehre als repressiver anthropologischer Anmaßung, flankiert durch eine moralistische Engführung des Sündenverständnisses, die in alltagssprachlichen Trivialisierungen (Verkehrs-, Dopingsünder, Diätsünden etc.) einen vielfältig abgeflachten Ausdruck findet und den allgemeinen Bedeutungsverlust des Sündenbegriffs anschaulich indiziert. Im Kontext des Reformationsjubiläums 2017 wurde die theologiegeschichtliche, biblisch und moraltheoretisch motivierte Kritik der überkommenen (Erb)Sündenlehre seit dem 16. Jahrhundert durch die Sozinianer, vertieft in der evangelischen Aufklärungstheologie, nicht nur in populären Streitschriften (F.C. Delius[4]), sondern auch akademisch profiliert als Forderung einer »neuen Reformation« ohne »Sündenverbiesterung« (K. Huizing[5]) aufgenommen. Die mit dem anhaltenden »emotional turn« in den Kultur- und Sozialwissenschaften verbundene Diskussion über die Bedeutung von Scham und Schamkulturen führt einerseits zur Kritik traditioneller christlich-theologischer Vorstellungen von Schuld und Verantwortung[6], andererseits zu Versuchen einer schamorientierten »Wiedergewinnung eines christlichen

---

[2] WOLFHART PANNENBERG, Anthropologie in theologischer Perspektive, Göttingen 1983, 7. 11-23.

[3] WOLFHART PANNENBERG, Systematische Theologie, Band II, Göttingen 1991, 271.

[4] Vgl. FRIEDRICH CHRISTIAN DELIUS, Warum Luther die Reformation versemmelt hat. Eine Streitschrift, Reinbek bei Hamburg 2017.

[5] KLAAS HUIZING, Schluss mit Sünde! Warum wir eine neue Reformation brauchen, Hamburg 2017.

[6] Vgl. exemplarisch MARIA-SYBILLA LOTTER, Scham, Schuld, Verantwortung. Über die kulturellen Grundlagen der Moral, Berlin 2012; Klaas Huizing hat eine in diesem Kontext sich verstehende, schamorientierte innovative Grundlegung theologischer Ethik inklusive der Behandlung entsprechender Bereichsethiken vorgelegt, vgl. DERS., Scham und Ehre. Eine theologische Ethik, Gütersloh 2016.

Sündenverständnisses« (U. Link-Wieczorek[7]) bzw. der Reformulierung soteriologischer Grundaussagen am Beispiel der Schamerfahrung als eines »negativen emotionalen Selbstverhältnisses« (Missbilligung) im Horizont eines »zugrundeliegende[n] Bewusstsein[s] des Gebilligtseins« (N. Slenczka[8]).

Der Anspruch dieses Beitrages ist einerseits traditioneller und andererseits bescheidener; es geht mir um Plausibilisierung, d.h. um die auch nicht-theologische Nachvollziehbarkeit theologischer Rede von der Erlösungsbedürftigkeit des Menschen unter Anerkennung von Alternativen und unter Berücksichtigung unhintergehbarer Perspektivität, d.i. ausgehend von einem deutungstheoretischen Paradigma.[9] Für dieses Vorhaben sind mit *Differenzerfahrung* und *personale Integrität* zwei Begriffe ausgewählt, die sowohl für theologische Anthropologie im Blick auf Erlösungsbedürftigkeit (Sündenverständnis) und Erlösung zentral sind, als auch in der gegenwärtigen Sozialphilosophie und Soziologie im Blick auf menschliches Selbstverhältnis und die Frage nach dem guten Leben Konjunktur haben. Zur Plausibilisierung (1) theologischer Rede von der Erlösungsbedürftigkeit des Menschen werde ich daher (2) zwei aktuelle sozialphilosophische Entwürfe im Blick auf Differenzerfahrung und Integrität näher untersuchen, um so anthropologische Anknüpfungspunkte für die christliche Deutungskategorie der Erlösungsbedürftigkeit aufzuzeigen. Es handelt sich hier um die Arbeiten von Arnd Pollmann und Hartmut Rosa. Abschließend (3) möchte ich einen theologischen Ertrag im Horizont von Erlösungsbedürftigkeit als Vergebungsbedürftigkeit formulieren.

---

[7] Vgl. ULRIKE LINK-WIECZOREK, Im Fadenkreuz von Schuld und Scham. Vor-Überlegungen zur Wiedergewinnung eines christlichen Sündenverständnisses, in: JULIA ENXING (HG.), Schuld. Theologische Erkundungen eines unbequemen Phänomens, Ostfildern 2015², 186-210; siehe auch den thematischen Band: ULRIKE LINK-WIECZOREK (HG.), Verstrickt in Schuld, gefangen von Scham? Neue Perspektiven auf Sünde, Erlösung und Versöhnung, Neukirchen-Vluyn 2015.

[8] NOTGER SLENCZKA, »Sich schämen«. Zum Sinn und theologischen Ertrag einer Phänomenologie negativer emotionaler Selbstverhältnisse, in: CORNELIA RICHTER/BERNHARD DRESSLER/JÖRG LAUSTER (HG.), Dogmatik im Diskurs: mit Dietrich Korsch im Gespräch, Leipzig 2014, 241-261, hier: 241.259.

[9] Zum deutungstheoretischen Religionsverständnis vgl. exemplarisch und grundlegend JÖRG LAUSTER, Religion als Lebensdeutung. Theologische Hermeneutik heute, Darmstadt 2005.

I. Der erlösungsbedürftige Mensch in dogmatischer Perspektive

Religionstypologisch ist das Christentum als Erlösungsreligion zu verstehen; in der vielzitierten Formulierung der »Glaubenslehre« Friedrich Schleiermachers: »Das Christentum ist eine der teleologischen Richtung der Frömmigkeit angehörige Glaubensweise, und unterscheidet sich von andern solchen wesentlich dadurch, dass alles in derselben bezogen wird auf die durch Jesum von Nazareth vollbrachte Erlösung.«[10] In klassischer und zugleich exemplarischer Weise stehen bei Schleiermacher Erlösungsbedürftigkeit und Erlösung im Zentrum seiner Glaubenslehre. Unter dem »bildlich[en]« (95) Ausdruck der Erlösung versteht Schleiermacher in empirischer Anschauung den »Übergang aus einem schlechten Zustande«, christlich vorgestellt als erlösungsbedürftiges »Gebundensein« des zum Gottesbewusstsein gebildeten, schlechthinnigen Abhängigkeitsgefühls, in einen »besser[e]n« (96) Zustand, christlich vorgestellt als »durch die Erlösung zu bewirkende« (96), gelungene Dominanz des schlechthinnigen Abhängigkeitsgefühls/Gottesbewusstseins über das sinnliche Selbstbewusstsein/Weltbewusstsein in der Einheit des Momentes. Insofern der Zustand des »Gebundenseins« nicht durch das betroffene Subjekt selbst gelöst werden kann, hat der Übergang eine konstitutiv »passive Seite«, im Blick auf »die dazu von einem andern geleistete Hülfe« ebenso eine »aktive Seite« (96). Schleiermachers allgemeine Bestimmung von Erlösungsbedürftigkeit ist im Rahmen unserer Fragestellung in mehrfacher Hinsicht bedeutsam: 1. Erlösungsbedürftigkeit beinhaltet als Abstandsbestimmung eine Sein-Sollens-Differenz, die sich sowohl in der säkularen Rede von Erlösung zeigt (vgl. Brexit-Beispiel) als auch in unterminologischen Äquivalenten von Erlösungsbedürftigkeit und Erlösung (vgl. 2.). 2. Insofern im argumentativen Duktus von Schleiermachers »Einleitung in die Glaubenslehre« die Wesensbestimmung des Christentums als Erlösungsreligion (§11) die histo-

---

[10] Friedrich D. E. Schleiermacher, Der christliche Glaube nach den Grundsätzen der evangelischen Kirche im Zusammenhange dargestellt (1830²), in: KGA I 13/1, 93, Z. 15-19; die oben im Text angegebenen Seitenzahlen beziehen sich weiter auf diesen zitierten §11 der Einleitung in die Glaubenslehre. Der Erlösungscharakter des Christentums ist im Blick auf seine mögliche akosmistische Dynamik nicht nur (theologie)geschichtlich (u.a. F. Nietzsche, D. Bonhoeffer), sondern auch gegenwärtig (F. Sundermeier) kritisch diskutiert worden, was nicht zuletzt auch mit der Zweideutigkeit des christlichen Eschatologie-Verständnisses zu tun hat; vgl. dazu im Einzelnen Rochus Leonhardt, Vollkommenheit und Vollendung. Theologiegeschichtliche Anmerkungen zum Verständnis des Christentums als Erlösungsreligion, in: Günter Thomas/Markus Höfer (Hg.), Ewiges Leben. Ende oder Umbau einer Erlösungsreligion, Tübingen 2018, 73-101.

risch positive Konkretion des ethischen Allgemeinbegriffs des frommen Bewusstseins (§§ 3-5) darstellt[11], ist mit dieser allgemeinen Bestimmung von Erlösungsbedürftigkeit zugleich ein »deprivativer Modus des religiösen Bewusstseins überhaupt«[12] thematisch, der sowohl für eine säkulare Außensicht auf Religion (vgl. 2.) anschließbar ist, als auch interreligiös perspektiviert werden kann[13]. Indem Schleiermacher 3. den Prozess der Erlösung in seiner Einheit von Erlösungsbedürftigkeit des frommen Subjekts (»passive Seite«) und extern, durch den fortwährenden Rückbezug auf den Erlöser Jesus von Nazareth begründeter Erlösungswirkung (»aktive Seite«) als Wesenskern christlich-frommen Selbstbewusstseins exponiert, ist Erlösungsbedürftigkeit als deprivativer, »gehemmt[er]« (96) Modus christlichen Bewusstseins gekennzeichnet, der seinerseits immer schon von einem Bewusstsein der Erlösung zehrt.[14] Schließlich sind 4. durch Schleiermachers Ausführungen, durchaus im Anschluss an Grundintentionen biblisch-reformatorischer Theologie, Erlösungsbedürftigkeit und Erlösung klar als Deutungskategorien christlich-frommen *Selbst*verständnisses profiliert, die ihrerseits ein bestimmtes Welt- und Gottesverständnis implizieren.[15]

Vor diesem Hintergrund wird materialdogmatisch mit dem Begriff der *Sünde* diejenige machtvolle Grundverfassung menschlicher Existenz (Röm 5, 12-21; 7, 7-25) und die damit verbundenen verantwortlichen Handlungen (Schuld) bezeichnet, welche zur Verletzung und *Verfehlung der Gottesbeziehung* führen. Insofern es nicht primär um mutwillige Rebellion und Aufstand, sondern um ein auch

---

[11] Vgl. dazu ausführlich DOROTHEE SCHLENKE, »Geist und Gemeinschaft«. Die systematische Bedeutung der Pneumatologie für Friedrich Schleiermachers Theorie der christlichen Frömmigkeit (TBT 86), Berlin – New York 1999, 136-183.

[12] CHRISTOPHER ZARNOW, Erlösung und Erlösungsbedürftigkeit in der Einleitung von Schleiermachers Glaubenslehre, in: KuD 59 (2013), 2-20, hier: 10.

[13] Vgl. zu dieser hier nicht verfolgten Perspektive den erhellenden Tagungsband von KLAUS VON STOSCH/AARON LANGENFELD (HG.), Streitfall Erlösung (Beiträge zur komparativen Theologie Bd. 14), Paderborn 2015.

[14] Vgl. SCHLEIERMACHER (s. Anm. 10), §63.2, 396 und §64.1, 399.

[15] SCHLEIERMACHER (s. Anm. 10) thematisiert das dem Sündenbewusstsein entsprechende Weltverständnis im Rahmen des dogmatischen Lehrstücks vom Übel (§§ 75-78) und das korrespondierende Gottesverständnis als Gerechtigkeit, Heiligkeit und Barmherzigkeit Gottes. Im Blick auf neuere dogmatische Entwürfe ist in diesem Zusammenhang exemplarisch auf ULRICH H. J. KÖRTNER, Dogmatik (LET Bd. 5), Leipzig 2018, zu verweisen, der auf der Grundlage seines Verständnisses von Dogmatik als »soteriologischer Interpretation der Wirklichkeit« (10-26) die »erlösungsbedürftige Wirklichkeit« (Kapitel 4, 337-406) dogmatisch differenziert im Blick auf den Menschen (Hamartiologie), die Welt (Übel und Böses) und Gott (Gerechtigkeit, Theodizeefrage) entfaltet.

tragisches Scheitern, Verfehlen, Misslingen des Lebens vor Gott geht[16], ist die *Klage*[17] der Grundton biblischer Rede über die Sünde, in deren Erfahrung als individueller Schuld und zugleich überindividuellem Verhängnis die kontextuelle Verflochtenheit menschlicher als endlicher Freiheit zum Ausdruck kommt. Im Sündenbewusstsein verschafft sich die Erlösungs- und Vergebungsbedürftigkeit des Menschen Geltung, indem das Verstrickt-Sein in der Ambivalenz, Gebrochenheit und unhintergehbaren Selbstbezüglichkeit des Daseins als Verhältnislosigkeit, Verzweiflung und Sinnlosigkeit erfahren wird. *Sündenvergebung* als Erlösung meint folglich die dem Menschen nicht von sich aus erschwingliche, sondern durch Gott selbst zugesprochene *Wiederherstellung seiner Gottesbeziehung*, in welcher »negative« (Sündenbewusstsein, Reue, Buße) und »positive« Selbsterkenntnis (Gnadenbewusstsein, Anerkennung, Rechtfertigung) vermittelt sind. Dieses in sich differenzierte, allererst im Gottesverhältnis erfüllte Selbstverhältnis ist eo ipso die unableitbare Entstehung des *Glaubens*[18] als das Sich-Verstehen in der durch Jesus Christus (Stellvertretung) eröffneten, neuen Möglichkeit der eigenen Existenz in der Einheit von Gottes-, Selbst- und Weltgewissheit. Sünde erschließt sich so mit Luther im Anschluss an Röm 14,23 erst aus der Perspektive des Glaubens, gewissermaßen ex positivo, in ihrem Tiefensinn als *Unglaube*.[19] Der Glaube als Erlösungsbewusstsein stellt dabei den Erkenntnisgrund je eigener Erlösungsbedürftigkeit (Sündenbewusstsein) dar, deren Realgrund in der Verflochtenheit menschlicher als endlicher Freiheit liegt.

Sünde bzw. Sündenbewusstsein als christliche Deutungskategorie für »eine Verkehrung des menschlichen Selbstverhältnisses« *coram Deo*[20] ist eine Abstandsbestimmung (Erlösungsbedürftigkeit) und kommt in vielfältigen Differenzerfahrungen zum Ausdruck. Ihr positiver anthropologischer Gegenbegriff ist der Begriff der *Gottebenbildlichkeit des Menschen*. Beide Begriffe sind relationsbestimmte Kategorien für die deutungsbedürftige Einheit menschlicher Existenz

---

[16] WILFRIED HÄRLE, Dogmatik, Berlin 2000², 486 macht in diesem Zusammenhang zu Recht darauf aufmerksam, dass nicht Schuldgefühle dem Sündenfall unmittelbar folgen, sondern die Scham (Gen 3,7.10) als »Indikator einer inneren Entzweiung«.

[17] Siehe dazu auch den Beitrag von MARIANNE GROHMANN in diesem Band.

[18] Vgl. dazu im Einzelnen CHRISTIAN DANZ, Grundprobleme der Christologie (UTB 3911), Tübingen 2013, 214-220.

[19] Vgl. MARTIN LUTHER, Vorrede zum Römerbrief 1522/1546, WA.DB 7,6, 32-34/7,7,32-34; zu Luthers Sündenverständnis im Kontext seiner Rechtfertigungslehre vgl. ausführlicher GUNTHER WENZ, Grundzüge der Sündenlehre Luthers, in: DERS., Sünde. Hamartiologische Fallstudien (Studium Systematische Theologie Bd. 8), Göttingen 2013, 78-99.

[20] TOM KLEFFMANN, Acht Thesen zur Erbsündenlehre – zu ihrer Notwendigkeit und ihrer Bedeutung für die Reformation der Kirche, in: ROCHUS LEONHARDT (HG.), Die Aktualität der Sünde. Ein umstrittenes Thema der Theologie in interkonfessioneller Perspektive (Beiheft zur Ökumenischen Rundschau Nr. 86), Frankfurt a. M. 2010, 145-159, hier: 145.

in der Spannung von Zentralität und Exzentrizität[21], von Sich-Gegebensein der Person (Selbstverhältnis) und gleichzeitig konstitutivem Bezogensein auf anderes (Weltverhältnis).[22] Diese deutungsbedürftige Einheit stellt den Menschen vor die Aufgabe einer kontinuierlichen, Identität gewährleistenden Selbsterfassung in der irreduziblen Vielheit und Diversität seiner Weltbezüge durch Handeln und damit in die Suchbewegung nach einem existenzbestimmenden, die Einheit von Selbst- und Weltverhältnis und so das Gelingen des je individuellen Lebensvollzuges verbürgenden letzten Grund: Gott. Die gelungene Vermittlung von Selbst- und Weltverhältnis im Gottesverhältnis (Integrität) besteht dann im Glauben als der konstitutiven Gewissheit, »dass ich als Mensch mein Leben genau in diesem Zusammenhang der drei Verhältnisse unter elementarer Grundlegung des Gottesverhältnisses gut und richtig führen kann"[23]. Das Gottesverhältnis im Glauben bleibt im Sinne des lutherischen *simul iustus et peccator*, gerecht und ein Sünder zugleich, jedoch immer auch ein prekäres, angefochtenes Selbstverhältnis.

Gottebenbildlichkeit bezeichnet so die Integrität menschlichen Lebens in seiner dreifachen Relationalität: Die begründende Gottesbeziehung (Glaube als Einsicht in die konstitutive Externität des Daseins) mit einem entsprechenden Weltverhältnis (Natur und Sozialität) und Selbstverhältnis (endliche Freiheit in steter Vermittlung von Zentralität und Exzentrizität). Im Sündenbewusstsein wird entsprechend und damit grundsätzlich transmoralisch der dreifache *Bruch dieser grundlegenden Relationaliät* bewusst, ausgehend von der Verfehlung des Gottesverhältnisses. Luthers Beschreibung des sündigen Menschen als *homo incurvatus in se ipsum*[24] trifft in diesem Sinne den Punkt: Für den allein auf sich bezogenen Menschen wird in der Absolutsetzung seiner Zentralität Beziehung zur bloßen, vermittlungslosen, desintegrierenden *Differenzerfahrung*, das dadurch bestimmte Verhältnis zum jeweilig Anderen reicht von Indifferenz, einem objekthaft-verdinglichenden Zugriff bis hin zur Feindseligkeit. In der traditionellen, namentlich durch Augustin[25] geprägten dogmatischen Sündenlehre, zielt Hochmut (*superbia*) auf die Verfehlung der Gottesbeziehung, Begierde (*concupiscentia*) auf ein verfehltes Weltverhältnis und Selbstliebe (*amor sui*) auf ein verfehltes Selbstverhältnis. Mit der *Erbsündenlehre* wird dogmatisch die auch die

---

[21] So PANNENBERG (s. Anm. 2), 77-104.

[22] Zu einem solchen, unter Aufnahme von Luther und Schleiermacher ausgeführten, deutungstheoretischen Verständnis christlicher Dogmatik im Horizont der Integration von Selbst- und Weltverhältnis in der Unbedingtheit des Gottesverhältnisses im Glauben vgl. DIETRICH KORSCH, Dogmatik im Grundriss. Eine Einführung in die christliche Deutung menschlichen Lebens mit Gott (UTB 2155), Tübingen 2000, bes. 9-22.49-75.

[23] KORSCH (s. Anm. 22), 18.

[24] MARTIN LUTHER, Römerbriefvorlesung (1515/16), WA 56, 356, 5f.

[25] Vgl. dazu PANNENBERG (s. Anm. 3), 277-281.

Generationenfolge umfassende, durch die sozialen Beziehungen der Individuen vermittelte Allgemeinheit dieser Verfehlung der lebensdienlichen Grundrelationen, ausgehend von der Verfehlung des Gottesverhältnisses, festgehalten. Ein nicht-naturalistisch verstandener Erbsündenbegriff erschließt die Sündenerfahrung in ihrem Verhängnischarakter und markiert so die Unbedingtheit der Erlösungsbedürftigkeit; insofern damit die »Unvorgreiflichkeit des Sünderseins jedes einzelnen«[26] betont wird, ist zugleich eine moralistische Engführung des Sündenbegriffs überwunden. Die so gesteigerte Radikalität der Sünde zeigt sich auch darin, dass ihre Erkenntnis dem Sünder/der Sünderin von sich aus gerade nicht erschwinglich ist, Selbstmächtigkeit führt zu einem Verblendungszusammenhang: Sünde ist mit Lüge und Selbsttäuschung verbunden. Die paulinische Rede (Röm 6,23) vom Tod als der »Sünde Sold« finalisiert den aufgewiesenen Beziehungsbruch der Sünde als destruktiven und vollständigen »Drang in die Verhältnislosigkeit«[27] des Todes.

Sündenerfahrung als grundlegende *Differenz*erfahrung markiert die Erlösungsbedürftigkeit des Menschen – und der Welt – im Horizont von Erlösung als der Vorstellung einer grundlegenden – protologischen, eschatologischen, existenzialen – *Integrität* von Mensch und Welt. Inwiefern sind die damit implizierten anthropologischen Grundannahmen noch vermittelbar mit einer nicht-theologischen Sicht des Menschen? Wie kann von Erlösungsbedürftigkeit plausibel gesprochen werden? Dazu greife ich auf zwei sozialphilosophische/soziologische Entwürfe der gegenwärtigen Diskussion zurück, auf die Arbeiten von Arnd Pollmann und Hartmut Rosa.

2. Sozialphilosophische Annäherungen

2.1 Von den Schwierigkeiten der Integrität – Arnd Pollmann[28]
Pollmann intendiert mit seiner Untersuchung nicht weniger als die Lösung eines »sozialphilosophische[n] *Begründungsproblem[s]*« (12), nämlich die Antwort auf die »metakritische Frage« (12), nach welchen Maßstäben Gesellschaftskritik geübt werden kann und soll. Einen gegenwärtig akzeptierten Minimalnenner, der auch unter pluralistischen Bedingungen »Anspruch auf normative Generalisierbarkeit« anmelden dürfe, konstatiert Pollmann im »Begriff vom *menschlichen*

---

[26] CHRISTINE AXT-PISCALAR, Art. Sünde VII. Reformation und Neuzeit, in: TRE 32 (2001), 400-436, hier: 428.
[27] EBERHARD JÜNGEL, Der Tod als Geheimnis des Lebens (1976), in: DERS., Entsprechungen. Gott – Wahrheit – Mensch. Theologische Erörterungen, München 1980, 327-354, hier: 340.
[28] Die nachfolgenden Ausführungen wie die in Klammern angeführten Seitenzahlen im Text beziehen sich auf ARND POLLMANN, Integrität. Aufnahme einer sozialphilosophischen Personalie, 2. überarb. Auflage Bielefeld (2015) 2018.

Wohlergehen« (12). Diesen konzeptionell eher »dünnen« Begriff präzisiert er im Anschluss an Georg Simmel als das angesichts spezifisch moderner Desintegrationserfahrungen dringliche Verlangen nach »*Intaktheit* oder auch *Unversehrtheit* menschlicher Selbst- und Weltverhältnisse« (12) im Sinne eines Grundbedürfnisses nach *Ganzheit*, nach *Integrität*. Als »Deckkategorie« (13) eigne sich der Integritätsbegriff nicht nur im Blick auf die in ihm verbürgte, gelungene Vermittlung psychophysischen Selbsterlebens der Person und entsprechend anerkennender Fremdzuschreibung (119), sondern auch hinsichtlich der ihm inhärierenden charakteristischen Doppelheit (122-124): Der indogermanische Ursprung des Wortstammes –teg bedeutet stechen und hat seinen Sitz im Leben in der ritterlichen Kampfsprache. Das durch Verneinung gebildete lateinische Adjektiv in-teger (nicht gestochen und folglich nicht verletzt) findet in der alltäglichen Konnotation »unbestechlich« eine sehr treffende Übersetzung und zwar »in eben jenem ursprünglich physischen Sinn von un-versehrt« (123). Integrität meint nun aber nicht einfach Ganzheit, sondern eben wesentlich *Integriertheit* als Leistung des Subjekts und sozialer Intersubjektivität, welche in der »Wiederherstellung einer zerstörten Einheit«, im »Zusammenfügen der auseinander gebrochenen Bestandteile eines vormals intakten Ganzen« im Sinne einer »Unversehrtheit *zweiter Stufe*« (124) bestehe. Die sich in diesem Zusammenhang aufdrängende Schlussfolgerung lautet nach Pollmann folglich: »Zwischen den Zuständen einer ursprünglichen Ganzheit und der im Nachhinein hergestellten Integriertheit muss sich eine Verlusterfahrung eigener Art ereignet haben.« (124) Darauf ist noch zurückzukommen.

Methodisch geht Pollmann so vor, dass »alltagspraktische Phänomenbeschreibungen« und »philosophische Theoriezusammenhänge« in ein wechselseitiges Erläuterungsverhältnis gesetzt werden (18) unter der zentralen Prämisse, dass Personen ein existenzielles Bedürfnis nach Integrität haben und personale Integrität »eine spezifische Seins- und Vollzugsweise gelingenden Lebens« (74) darstellt. Vier zentrale Bedeutungsdimensionen von Integrität erhebt Pollmann in der charakteristischen Doppelung von Innenperspektive /Selbstbeschreibung des Subjekts und Außenperspektive /Fremdzuschreibung (Kap.2: 77-126): 1. Das Prinzip der Selbsttreue und Unbestechlichkeit als Korrespondenz von ethisch-existenziellem Selbstbild und individuellem Lebensvollzug, 2. das Gebot der Rechtschaffenheit und Unbescholtenheit als moralische Integrität und Korrektiv der Selbsttreue, 3. das Ideal der Integriertheit und Kohärenz in der Vielheit divergierender Lebensvollzüge und schließlich 4. das diesen drei Dimensionen resultativ übergeordnete psychophysische Erleben von Ganzheit und Unversehrtheit.

Angesichts der vielfältigen personalen und lebensweltlichen Ambivalenzen und Gefährdungen existenzieller Selbstverständigung, die sich in tiefgreifenden Desintegrations-, Differenzerfahrungen und folglich Integritätsdefiziten manifestieren, bestimmt Pollmann personale Integrität in der Innenperspektive als

»ein *schwieriges Selbstverhältnis*« (Kap. 3: 127-180): Der unhintergehbaren Konflikthaftigkeit des Lebens im Blick auf grundlegende Orientierungen steht die Konfliktscheue gegenüber, der Selbstaufklärung über das eigene Leben die Versuchungen der Selbsttäuschung, dem Willen zur Integrität die Willensschwäche. Pollmann konstatiert in diesem Zusammenhang »die aporetische Grundstruktur integren Lebens« (180), dass nämlich die im existenziellen »Bedürfnis nach Integrität zum Ausdruck kommende Sehnsucht nach ›vollständiger‹ Ganzheit [...] niemals gänzlich zu befriedigen sein« (293) wird und dennoch persistiert. Den lebensgeschichtlichen Grund dieser kontrafaktischen Integritätssehnsucht rekonstruiert Pollmann im zentralen Passus seines Buches als tiefenpsychologischen »Rekurs« (183-237): Die »verschüttete Erinnerung« an das primordiale, pränatale Integritätserleben in utero, »im Beisein eines beschützenden Anderen«, bilde als »Phantasma ursprünglicher Intaktheit« (222) den Realgrund und – im Sinne der oben angeführten »Unversehrtheit zweiter Stufe« (124) – das Ziel allen Integritätsstrebens und verweise so zugleich auf dessen intersubjektiven Bedingungszusammenhang: »Das integre Leben zehrt von der Erinnerung an frühere Allianzen und bleibt daher zeitlebens notwendig auf integre Sozialbeziehungen angewiesen.« (294) Die Beschreibung integren Lebens in der idealistischen Perspektive autonomer Selbstdurchsichtigkeit des Subjekts greife folglich zu kurz, da »dieses Leben sich, seinem ganzen Wesen nach, als ein konfliktreiches Wechselspiel von Bestrebungen nach Selbständigkeit *und* Abhängigkeit darstellt« (235); Pollmann konstatiert hier also eine konstitutive Begrenzung der Autonomie des Subjekts im Horizont von Integrität.

Auch im Blick auf die Außenperspektive unterliegt personale Integrität im sozialen Feld vielfältigen Verletzungen und damit verbundenen Desintegrations- und Differenzerfahrungen, die Pollmann mit der Pointe »eines schwierigen Verhältnisses zu anderen« im Blick auf die genannten vier Begriffsdimensionen von Integrität namhaft macht (Kap. 4, 239-290): So Bestechung und Nötigung als Verletzung der Selbsttreue, Verleumdung als Korruption der Rechtschaffenheit, Täuschung und Lüge als Störung der Integriertheit und schließlich Körperverletzung als Angriff auf die psychophysische Ganzheit. Weiterhin gehören in diesen Zusammenhang die Phänomene von Schuld und Scham sowie die zentrale Dynamik von Anerkennungsbedürfnis und Anerkennungsverlust.

In der von Pollmann aufgezeigten Phänomenologie personaler Integrität als einem stets gefährdeten »schwierigen Selbstverhältnis« und zugleich einem »schwierigen Verhältnis zu anderen« lassen sich durchaus Strukturanalogien zum christlichen Verständnis von Sünde bzw. Erlösungsbedürftigkeit und den damit verbundenen anthropologischen Implikationen aufweisen: So im Blick auf die grundsätzliche Fragilität und Gefährdung personaler Integrität in der konstitutiven Spannung zwischen Differenzerfahrungen und reflektierter Ganzheit, für welche u.a. auch ein Verblendungszusammenhang von Lüge, Täuschung und Verleumdung kennzeichnend ist; in der Priorität der Integrität als Erkenntnisgrund der Differenzerfahrung und der damit verbundenen Kennzeichnung von Differenz als Abstandsbestimmung (174); in der Vermittlung individueller (Innenperspektive) und überindividueller Dimensionen (Außenperspektive, Sozialität) und nicht zuletzt in der Begrenzung autonomer Selbstmächtigkeit des Subjekts im Blick auf eine integre Lebensführung.

Hinsichtlich der stark ethisch imprägnierten Vorstellung von Integrität, ihres tiefenpsychologischen Realgrundes und der Leitperspektive einer »psychopathognostischen Sozialkritik personaler Integrität« (377) bleibt Pollmann selbstverständlich in den Grenzen sozialwissenschaftlicher Rationalität. Gleichwohl gesteht er zu, dass personale Integrität als »zentrale Modalität gelingenden Lebens uns zugleich verfügbar und unverfügbar ist« (21). Die Unverfügbarkeit von Integrität sieht Pollmann dabei gleichermaßen in der Unverfügbarkeit des tatsächlichen Eintretens eines psychisch-physischen Ganzheitsempfindens (Innenperspektive; vgl. 153.174) wie in der Unverfügbarkeit seiner sozialen Gelingensbedingungen, vor allem im Blick auf intersubjektive Anerkennung in Form von Liebe und Solidarität, auf die man nur »hoffen« könne (261).

2.2 Resonanzbedürftigkeit als Erlösungsbedürftigkeit? Anmerkungen zu Hartmut Rosas Resonanztheorie

»Wenn Beschleunigung das Problem ist, dann ist Resonanz vielleicht die Lösung.« Mit diesem vielzitierten Anfangssatz seines seit 2016 in mehrfachen Auflagen und Sonderausgaben erschienenen Resonanz-Buches[29] nimmt Hartmut Rosa Bezug auf seine 2005 veröffentlichte, inzwischen in 11. Auflage erschienene Habilitationsschrift[30] zum spätmodernen Prozess sozialer Beschleunigung mit seinen krisenhaften Folgewirkungen. Beide Bestseller sind gelegentlich als zwei Hälften einer säkularen Soteriologie apostrophiert worden[31] bzw. als Angebot einer »Erlösung durch Resonanz«[32].

---

[29] HARTMUT ROSA, Resonanz. Eine Soziologie der Weltbeziehungen, Frankfurt a.M. (2016) 2018². Die im Text in Klammern mitgeführten Seitenzahlen beziehen sich auf diese Ausgabe. Zur Entwicklung des Resonanzkonzepts in Rosas Werk vgl. CHRISTIAN HELGE PETERS/PETER SCHULZ, Einleitung: Entwicklungslinien des Resonanzbegriffs im Werk von Hartmut Rosa, in: C. H. PETERS/P. SCHULZ (HG.), Resonanzen und Dissonanzen. Hartmut Rosas kritische Theorie in der Diskussion, Bielefeld 2017, 9-26.
[30] Vgl. HARTMUT ROSA, Beschleunigung. Die Veränderung der Zeitstrukturen in der Moderne, Frankfurt a.M. (2005) 2016¹¹.
[31] So RAINER BUCHER, Was erlöst? Die Theologie angesichts soziologischer (Welt)Frömmigkeit in spätkapitalistischen Zeiten, in: TOBIAS KLÄDEN/MICHAEL SCHÜSSLER (HG.), Zu schnell für Gott? Theologische Kontroversen zu Beschleunigung und Resonanz (Quaestiones Disputatae Bd. 286), Freiburg 2017, 310-333, hier: 314.
[32] So TOBIAS KLÄDEN, Hartmut Rosa als Gesprächspartner für die Theologie, in: TOBIAS KLÄDEN/MICHAEL SCHÜSSLER (HG.), s. Anm. 31, 394-407, hier: 394.

Moderne Gesellschaften, so Rosa, sind »durch eine systematische Veränderung der Zeitstrukturen charakterisiert, die sich unter den Sammelbegriff der *Beschleunigung*« im Sinne einer »unaufhebbare[n] Eskalationstendenz« bringen lässt, welche »ihre Ursache darin hat, dass sich die gesellschaftliche Formation der Moderne nur dynamisch stabilisieren kann« (13).[33] Die damit einhergehenden Imperative von Wachstum und Innovationsdichtung, gepaart mit Wettbewerbs- und Konkurrenzlogik in nahezu allen gesellschaftlichen Bereichen, haben nach Rosa zu einem »ressourcenfixierte[n] Habitus« (18) steter »*Reichweitenvergrößerung*« und instrumenteller »*Weltbeherrschung*« (28) und so zu einem fortschreitenden »Verstummen der Welt« (75) geführt. In den gegenwärtigen Krisen der spätmodernen Gesellschaft, so in der ökologischen Krise, in der Demokratie- und Psychokrise (Burnout, Depression) zeigten sich folglich weitreichende Störungen, Pathologien in den Weltbeziehungen der Subjekte, die Rosa als »beschleunigungsinduzierte Entfremdungserfahrung[en]«[34] rekonstruiert im Sinne einer aus der imperativen Verzeitlichung spätmoderner Lebensverhältnisse entstandenen *Entfremdung* des Menschen von identitätskonstitutiven Lebensdimensionen wie Raum, Dinge, Handlungen, Zeit und Beziehungen.[35] Mit dieser Wiedereinführung des Entfremdungsbegriffs in die Kritische Theorie der Gegenwart verbindet Rosa erklärtermaßen den Anspruch, »ganz ohne Rückgriff auf essentialistische Konzepte einer wahren Natur des Menschen aus[zu]kommen«, insofern »wir nicht von unserem wahren inneren Wesen entfremdet [sind], sondern von unserer Fähigkeit, uns die Welt ›anzuverwandeln‹«[36]. Diese Fähigkeit zur identitätsförderlichen »Anverwandlung« der Welt wird nach Rosa durch die »Zeitstrukturen der Beschleunigungsgesellschaft« korrumpiert, denn diese »bringen die Subjekte dazu, ›zu wollen, was sie nicht wollen‹, d.h. aus eigenem Antrieb Handlungslinien zu verfolgen, die sie aus einer zeitstabilen Perspektive nicht präferieren«[37].

Gegenüber den hier mit hamartiologischen Anklängen formulierten Entfremdungs- als Differenzerfahrungen fungiert Resonanz als quasi-erlösender Gegenbegriff gelingender Weltbeziehung. Aus der Analyse des theologisch imprägnierten Resonanzbegriffes und seiner fundamentalanthropologischen Grundannahmen lassen sich daher Einblicke in vorausgesetzte sozialphilosophische Analogien einer »Erlösungsbedürftigkeit« des Menschen gewinnen. Mit seiner »Soziologie der Weltbeziehungen«, so der Untertitel des Resonanzbuches, im Horizont einer »Soziologie des guten Lebens« (37) beansprucht Rosa perspektivisch die

---

[33] Vgl. dazu im einzelnen ROSA (s. Anm. 30), 112-310.
[34] HARTMUT ROSA, Beschleunigung und Entfremdung. Entwurf einer Kritischen Theorie spätmoderner Zeitlichkeit, Bonn 2013, 146.
[35] Vgl. ROSA (s. Anm. 34), 122-143.
[36] ROSA (s. Anm. 34), 144.
[37] ROSA (s. Anm. 30), 483. Der von Rosa in Anführungszeichen gesetzte Passus »zu wollen, was sie nicht wollen« kann durchaus als Anspielung auf Röm 7,16-20 gelesen werden.

Einleitung eines »kulturellen Paradigmenwechsel[s]« hin zu einer die Steigerungslogik überwindenden, Resonanzerfahrungen strukturell ermöglichenden Postwachstumsgesellschaft (725).

Resonanz (282-298) ist originär ein akustisches Phänomen, nämlich die »spezifische Beziehung zwischen zwei schwingungsfähigen Körpern, bei der die Schwingung des einen Körpers die ›Eigentätigkeit‹ des anderen anregt« und umgekehrt (282), wobei im gelingenden Fall sowohl eine antwortende »Responseresonanz« als auch ein Gleichklang im Sinne einer »Synchronresonanz« möglich ist (283f). Insofern Rosa den Resonanzbegriff als »sozialwissenschaftliche Analysekategorie« (281) etablieren möchte, verankert er ihn – allen nicht-essentialistischen bzw. nicht-substantialistischen Beteuerungen (36.285.312 u.ö.) zum Trotz – fundamentalanthropologisch als »menschliches Grundbedürfnis und Grundfähigkeit« (293).[38] Dazu geht er von der für menschliche Identität konstitutiven Relationalität, der notwendigen Bezugnahme auf Andere und anderes aus: Subjekte »finden sich immer schon *in einer Welt*, mit der sie verknüpft und verwoben sind« (63); beide, Subjekt und Welt, werden »in der und durch die wechselseitige Bezogenheit erst geformt, geprägt, [...] konstituiert« (62). Selbstinterpretation ist immer Weltinterpretation und umgekehrt (215); Weltbeziehung im Modus von Resonanz ist daher nach Rosa ein existenzielles Bedürfnis und zugleich »Maßstab des gelingenden Lebens« (294) und somit eben auch ein normatives, anthropologische Wesensaussagen in Anspruch nehmendes Konzept.

Vier Merkmale zeichnen Resonanz als Subjektivität wie Intersubjektivität bildenden *Beziehungsmodus* aus (285ff.298)[39]: 1. Subjekte werden von einem Anderen (Weltausschnitt), das/der sie etwas angeht und gleichsam zu ihnen spricht, *affiziert*, während sie 2. zugleich darauf emotional und leiblich *antworten* und sich dabei als *selbstwirksam* erfahren. In dieser Resonanzerfahrung *transformieren* sich 3. das Subjekt und das jeweilige Andere. 4. Resonanz ist konstitutiv *unverfügbar*, sie kann weder ausgeschlossen noch garantiert oder erzwungen werden. Nicht nur die Strukturanalogien des so definierten Resonanzerlebens mit dem reformatorischen Wortgeschehen[40] liegen auf der Hand, son-

---

[38] Auf diesen Widerspruch hat insbesondere Martin Laube, »Eine bessere Welt ist möglich«. Theologische Überlegungen zur Resonanztheorie Hartmut Rosas, in: PastTheol 107 (2018), 356-370, hier: 367, hingewiesen. Vgl. in diesem Zusammenhang auch Rosas Klarstellung, dass »nach meiner Konzeption Resonanz kategorial dem [konkreten] Subjekt vorausliegt. [...] Nur weil und insofern Menschen resonanzfähig sind, können sie zu Subjekten werden« in: Ders., Für eine affirmative Revolution. Eine Antwort auf meine Kritiker_innen, in: in: C. H. Peters/P. Schulz (Hg.), s. Anm. 29, 311-329, hier: 328f.

[39] Die systematisierte Zusammenstellung der vier Grunddimensionen von Resonanz beruht insbesondere auf Hartmut Rosa, Unverfügbarkeit, Wien/Salzburg 2018, 38-45.

[40] Vgl. dazu Laube (s. Anm. 38), 360-362.

dern auch der darin vorausgesetzte Freiheitsbegriff ist theologisch anschlussfähig. Denn in der affizierenden, antwortenden, transformierenden und unverfügbaren Dimension von Resonanz liegt nach Rosa zugleich »eine erfahrbare *Begrenzung von Autonomie*« (314) beschlossen, ein »Moment des Autonomieverlusts«, wie er für »Erfahrungen höchsten Gelingens und höchsten Glücks« (756) kennzeichnend ist. Resonante Weltbeziehungen bleiben auch in dieser Hinsicht spätkapitalistischer Weltreichweitenvergrößerung als »Konsequenz der Totalisierung des Autonomiestrebens« (756) entgegengesetzt.

In der pränatalen, selbstverständlichen Mutter-Kind-Resonanz sieht Rosa gleichsam die primordiale und für alles Weitere konstitutive Resonanzerfahrung (85-88); mit dem Bruch der Geburt entwickeln sich weitere Formen der Leib-Welt-Resonanz (Atmen, Essen, Trinken, Stimme, Antlitz, Lachen, Weinen, etc.; 88-143) und körperlich vermittelter Welterfahrung (144-186), in die emotionale, evaluative und kognitive Aspekte der Weltbeziehung immer schon verflochten sind (187-245) bis hin zu sog. *Resonanzachsen* als etablierten und stabilen Formen der Bezugnahme von Subjekt und Welt, die in kulturell etablierten Resonanzräumen bzw. -sphären kontinuierlich Resonanzerfahrungen ermöglichen (296.331-340). Je nach Weltausschnitt bzw. Handlungs- und Erfahrungsfeld unterscheidet Rosa horizontale Resonanzachsen (Familie, Freundschaft, Politik; 341-380) von diagonalen (Arbeit, Schule, Sport, Konsum und Objektbeziehungen; 381-434) und vertikalen Resonanzachsen (Religion, Natur, Kunst, Geschichte; 435-514).

In allen diesen Bereichen stehen Resonanzerfahrungen in einem dialektischen Verhältnis zu *Entfremdungs*erfahrungen als Erfahrungen unvermittelter *Differenz* (299-316). Die grundsätzliche Problematik des Entfremdungsbegriffs sieht Rosa darin, dass Entfremdung als »Abstandsbestimmung« (300) nur im Blick auf einen Gegenbegriff trennscharf definiert werden könne. Da weder essentialistische Annahmen über die »wahre Natur« des Menschen, noch gängige sozialphilosophische Leitkonzepte wie Identität, Authentizität, Autonomie, Anerkennung oder Sinn Rosa hier als geeignete Kandidaten erscheinen (300-305), bestimmt er Resonanz als »das Andere der Entfremdung« (306). Unter Aufnahme seiner beschleunigungstheoretischen Überlegungen versteht Rosa Entfremdung folglich als einen Modus der Weltbeziehung, in welchem die Welt dem Subjekt gleichgültig (Indifferenz) oder aber feindlich (Repulsion) gegenübertritt (306. 743f). Daraus resultiert eine äußerlich bleibende, unverbundene und nicht-responsive, also »stumme« Weltbeziehung, gewissermaßen eine »Beziehung der Beziehungslosigkeit« (305), deutlich in den verdinglichenden Formen einer machtvollen oder ausbeuterischen Weltbeziehung, Politikverdrossenheit oder in Depression und Burnout als »radikaler Form der Entfremdung« (307f). Damit soll jedoch keinesfalls einem »sozialtheoretisch verhängnisvollen subjektivistischen Reduktionismus« der Weg bereitet werden, insofern »für die Bestimmung von Entfremdungspotentialen« (309) die Weltbeziehungen und gesellschaftlich-kulturellen Resonanzverhältnisse als ganze stets im Blick sind. Weiterhin betont Rosa entschieden, dass Resonanz kein totalitäres Konzept darstellt, sondern Entfremdung »im Sinne der fortgesetzten Existenz eines *Nicht anverwandelbaren Anderen* sogar eine konstitutive Bedingung der Möglichkeit von Resonanz« (750) bildet und als »Fähigkeit zur Resonanzunterbrechung und -abwehr« Naturwissenschaft, Technik, Medizin und Recht ebenso ermöglicht wie sie ggf. Schutzfunktionen für das Individuum erfüllt (741f.750). In diesem dialektischen Verhältnis von Resonanz und Entfremdung kommt bei aller Hervorhebung der Wechselseitigkeit beider (322ff) der Resonanz entwicklungsgeschichtlich und als Erkenntnisgrund von Entfremdung die Priorität zu; Rosa spricht in diesem Zusammenhang von einer »resonanzsensiblen Grundhaltung«, von »Tiefenresonanz« bzw. »dispositionaler Resonanz« (325), die in (schulischen) Bildungsprozessen – im Unterschied zur »dispositionalen Entfremdung« – nicht erzeugt wird, sondern zu entfalten ist (419).

Vor diesem Hintergrund erhellt, dass Entfremdung als »Abstandsbestimmung« (300) der Sache nach in deutlicher Nähe zum Sündenbegriff[41] und so zur Erlösungsbedürftigkeit steht, während Resonanz auch terminologisch von Rosa soteriologisch konnotiert wird: »Unter den Bedingungen eines unerlösten Daseins ist Resonanz nur *das Aufblitzen der Hoffnung auf Anverwandlung in einer schweigenden Welt* (750); gewissermaßen ein ›Heilsversprechen‹« (317)[42]. *»An der Wurzel der Resonanzerfahrung«*, so Rosa weiter, *»liegt der Schrei des Nicht-Versöhnten und der Schmerz des Entfremdeten. Sie hat ihre Mitte [...] in der momenthaften, nur erahnten Gewissheit eines aufhebenden Dennoch.«* (323) Religion bestimmt Rosa auf dieser Linie als »Gegenpol [...] zur Steigerungs- und Dynamisierungslogik der Moderne« (688), insofern komme ihr eine wichtige propädeutische Funktion für die gesellschaftliche Präsenthaltung von und Sensibilisierung für Resonanz zu.[43]

---

[41] Zur Konzeptualisierung von Sünde als Entfremdung in der neueren systematischen Theologie vgl. exemplarisch PAUL TILLICH, Systematische Theologie II, Stuttgart (1958) 1981[7], 52-68 und WOLFHART PANNENBERG (s. Anm. 3), 299-301 und (s. Anm. 2), 258-278.

[42] Rosa (750) weist in diesem Zusammenhang den Begriff »Heilslehre« strikt von sich, spricht aber an anderer Stelle davon, dass »mein Konzept [der Resonanz] eine Art von Heilsidee beinhaltet, die über das Irdische hinausgeht«; vgl. Ein Gespräch mit dem Soziologen Hartmut Rosa: »Das Grundbedürfnis nach Religion wird bleiben«, in: Herder Korrespondenz 10 (2017), 17-20, hier: 19.

[43] Vgl. HARTMUT ROSA, Gelingendes Leben in der Beschleunigungsgesellschaft. Resonante Weltbeziehungen als Schlüssel zur Überwindung der Eskalationsdynamik der Moderne, in: TOBIAS KLÄDEN/MICHAEL SCHÜSSLER (HG.), s. Anm. 29, 18-51, hier: 50f. Rosa würdigt in diesem Zusammenhang (ebd., 47) ausdrücklich auch Theologie, Religionsphilosophie und -wissenschaft, in denen »die vielleicht am umfassendsten und am besten ausgearbeiteten Konzeptionen von ›dialogischen‹ Beziehungen zu einem als unverfügbar erfahrenen Anderen zu finden sind«.

Als »ein großes Resonanzversprechen« (451) biete Religion mit der rituell, narrativ und ästhetisch erfahrbar gemachten, im Gottesbegriff zentrierten »Vorstellung einer *antwortenden Welt*« (435) zugleich die Erfüllung eines »existenzielle[n] Resonanzverlangen[s]« (452). Rosa nimmt hier Bezug auf W. James' Religionstheorie, Schleiermachers Reden, Martin Bubers dialogisches Prinzip und die Kirchenlieder vor allem Paul Gerhardts. Die Bibel insgesamt lasse sich, so Rosa, resonanztheoretisch deuten vom »Flehen Salomons bis zum Schrei Jesu am Kreuz [...] als ein einziges Dokument des menschlichen [...] Rufens um Antwort«, insbesondere das Gebet sei »auf die Herstellung einer ›Tiefenresonanz‹ in Form eines hörenden und antwortenden Redens (und Handelns) hin angelegt« (441). Im Gottesdienst (Abendmahl, Segen) wie auch am Weihnachtsfest verbinden sich vertikale Resonanzachsen mit horizontalen (Gemeinde) und diagonalen Resonanzbeziehungen (Brot, Kelch, Wein, Kreuz und Stall, 443f). Die trinitarische Vorstellung Gottes als Beziehungswesen, wie sie insbesondere in der Vorstellung der Perichorese zum Ausdruck komme, verkörpere die Resonanzstruktur gewissermaßen in Reinform (446). Das christliche Verständnis der Sünde als selbstmächtiger Beziehungslosigkeit (*superbia*) deutet Rosa unter Rekurs auf das lutherische *homo incurvatus in se ipsum* resonanztheoretisch entsprechend als »Zustand der Resonanzlosigkeit« bzw. selbstmächtiger »Resonanzunwilligkeit« (447).

So sehr die phänomenologische Erschließungskraft der Resonanzmetaphorik auch theologisch erhellend sein mag, in begründungstheoretischer Hinsicht, also im Blick auf den Gottesbegriff, bleibt Rosa erklärtermaßen innerhalb der Grenzen sozialwissenschaftlicher Rationalität[44]: Die Existenz einer im Gottesbegriff imaginierten »tragende[n] Stimme des Universums in irgendeinem rational und propositional akzeptablen Sinne« sei »aus dem kognitiven Horizont der aufklärerisch-rationalen Moderne im Grunde nicht zu verteidigen« (448). »Ob am ›Grund der Welt‹«, so Rosa, mit Schleiermacher, James und Buber »die Resonanz des Universums steht« oder mit Nietzsche und Camus »nur das öde Schweigen des eisigen Weltenraumes«, dies lasse sich argumentativ nicht entscheiden, sondern »vielleicht nur resonanzsensibel erspüren« (450) und hänge von der in (schulischen) Bildungsprozessen zu entfaltenden dispositionalen Resonanz bzw. der erworbenen Entfremdung ab (451). Hier schließt sich Rosas Kritik der gesellschaftlichen Resonanzverhältnisse an: In der anvisierten »bessere[n] Welt« (762) der Postwachstumsgesellschaft (722-737) sind nicht nur stabile Bedingungen für kontinuierliche resonante Weltbeziehungen zu schaffen, sondern diese selbst sollen im Sinne eines »kulturellen Paradigmenwechsel[s]« (725) auch das fortgehende Kriterium politischen und individuellen Handels bilden. Rosas Vorschläge der politisch-praktischen Umsetzung bleiben allerdings sehr knapp.

---

[44] Vgl. in diesem Sinne auch ROSA (s. Anm. 42), 20: »Aus einer sozialphilosophischen Perspektive kann ich keinen Gott annehmen. [...] Immerhin kann ich mit soziologischen Mitteln aber sagen, wo der Gottesbegriff verortet werden könnte.«

Nach der apokalyptisch eingefärbten Krisendiagnose des Beschleunigungsbuches und dem »Heilsversprechen« der Resonanz hätte man vor diesem Hintergrund von Hartmut Rosa nun eine sozialtechnologische Revolutionstheorie für die Postwachstumsgesellschaft erwartet. Sein aktuelles, Ende 2018 erschienenes Buch aber trägt den schlichten Titel »Unverfügbarkeit«. Zu dem von Rudolf Bultmann 1930 in Auseinandersetzung mit Kierkegaard zur Abgrenzung gegen Vorstellungen einer technischen Verfügbarmachung von Welt, Mensch und Leben geprägten Begriff der Unverfügbarkeit führt Rosa aus: »Vielleicht ist es kein Zufall, dass der Begriff der Unverfügbarkeit ursprünglich aus dem theologischen Kontext stammt. Die Theologie bringt darin ein Grundelement im menschlichen Weltverhältnis auf den Punkt, das auch dann von soziologischem und philosophischem Interesse ist, wenn man alle theologischen und metaphysischen Annahmen über das Wesen Gottes (oder überhaupt ein Wesen Gottes) zurückweist.«[45] Am reformatorischen Wortgeschehen exemplifiziert Rosa dann die Strukturmerkmale von Resonanz mit der Pointe: »Unverfügbarkeit bedeutet aber auch hier nicht einfach Kontingenz: Konzeptionen der Gnade oder der Gabe legen nahe, dass das ›Entgegenkommen‹ zwar nicht *verdient*, gefordert oder erzwungen werden kann – daher der *Geschenkcharakter* der Gnade –, dass es aber auf einer Erreichbarkeit basiert, zu der das empfangende Subjekt durchaus beitragen kann, insofern es für die Gnade oder Gabe empfänglich sein muss. Soziologisch bedeutet dies, dass Resonanz stets auch einen *Geschenkcharakter* trägt; sie ereignet sich als Widerfahrnis. Eben dies ist mit dem konstitutiven Moment der Unverfügbarkeit gemeint.«[46]

3. Versuch eines theologischen Ertrages: Erlösungsbedürftigkeit als Vergebungsbedürftigkeit

Integritätsbedürftigkeit bzw. Resonanzbedürftigkeit als sozialphilosophische Plausibilisierungen theologischer Rede von Erlösungsbedürftigkeit? Die phänomenologische Erschließungskraft der untersuchten Konzepte von Arnd Pollmann und Hartmut Rosa im Blick auf anthropologische Strukturanalogien zur Erlösungsbedürftigkeit ist wie aufgezeigt bis in die Binnenstrukturen eines theologisch anschlussfähigen Selbst- und Weltverhältnisses hoch. Insofern scheinen der Sündenbegriff und die mit ihm implizierten anthropologischen Grundannahmen doch nicht so abständig, wie manche Diskurse dies gegenwärtig glauben machen wollen.

---

[45] Rosa (s. Anm. 39), 67.
[46] Rosa (s. Anm. 39), 68.

Die mannigfaltige *Differenzerfahrungen* induzierende, deutungsbedürftige Einheit menschlicher Existenz in der Spannung von Zentralität und Exzentrizität, von Sich-Gegebensein der Person (Selbstverhältnis) und zugleich konstitutivem Bezogen-Sein auf Andere und anderes (Weltverhältnis), welche der christliche Glaube in der *Integrität* des Gottesverhältnisses vermittelt sieht, belassen beide Autoren – sozialphilosophisch konsequent – im spannungsvollen Subjekt-Welt- bzw. Intersubjektivitätsverhältnis als solchem, das Rosa durch die Kategorie der Resonanz produktiv zu fassen sucht und das von Pollmann vor allem in seinen Ambivalenzen und Gefährdungen im Horizont von Integrität entfaltet wird. In beiden Konzepten wird so ein normatives Kriterium gelingenden Lebens in Anschlag gebracht (Integrität bzw. Resonanz), das zugleich eine meta-kritische Funktion für die jeweils anvisierte Sozialkritik erfüllt. Ob allerdings das primordiale, pränatale Erleben vollkommener Integrität bzw. Resonanz als Begründungszusammenhang und Erkenntnisgrund von Differenzerfahrung bzw. Entfremdung hier ausreicht, darf aus theologischer Sicht bezweifelt werden. Differenz- bzw. Entfremdungserfahrungen verstehen beide Autoren im Sinne einer Abstandsbestimmung zu vorausgesetzter Integrität bzw. Resonanz und entfalten sie materialiter als Verletzungen anthropologisch grundlegender Relationalität des Subjekts, womit sich jeweils auch eine Begrenzung des Autonomiekonzeptes verbindet. Die Analogien zur Erlösungsbedürftigkeit als Abstandsbestimmung zur Erlösung bzw. zu vollendeter Gottebenbildlichkeit, zum christlichen Sündenverständnis als Bruch grundlegender Relationalität des Menschen und zum theologischen Verständnis von Freiheit als endlicher, begrenzter Freiheit liegen auf der Hand. Sowohl Pollmann als auch Rosa beschreiben menschliches Selbst- und Weltverhältnis als ein komplexes, negative (Differenz, Verletzung, Entfremdung) und positive Relationen (Integriertheit, Resonanz) in sich schließendes und insofern »schwieriges« (Pollmann) und prekäres Verhältnis. Auch hier zeigen sich Analogien zur inneren Komplexität des Glaubensverhältnisses und seiner steten Gefährdung, Anfechtung in der Verfasstheit des *simul iustus et peccator*. Der Rekurs auf Unverfügbarkeit fungiert bei beiden Autoren in unterschiedlicher Nuancierung in diesem Zusammenhang als systematischer Fluchtpunkt; bei Pollmann in keiner Weise religiös konnotiert, bei Rosa durchaus theologisch imprägniert.

Ein wesentlicher Unterschied zur theologischen Rede von der Erlösungsbedürftigkeit des Menschen – gewissermaßen als Kehrseite der jeweiligen Begründungszusammenhänge – besteht darin, dass die Radikalität der Differenzerfahrung, theologisch gesprochen: das unvorgreifliche Sündersein des Individuums bzw. die Sünde als Macht und Verhängnis, bei Pollmann und Rosa sozialwissenschaftlich abgefedert ist, indem auf die Reformierbarkeit der gesellschaftlichen Verhältnisse gesetzt wird, die ein integritäts- bzw. resonanzförderliches Leben ermöglichen sollen. Stilistisch zeigt sich dies bei beiden Autoren in der kontinuierlichen Verwendung eines klinischen Sprachgebrauchs[47]; so spricht Pollmann von »Pathologien des Sozialen« und einer am Integritätsbegriff ausgerichteten »Sozialpathognostik«, Rosa von »Pathologien der modernen Arbeits- und Weltbeziehungen« bzw. »Pathologien der Entfremdung«.[48] In der »Diagnose« und »Pathologisierung« werden Differenzerfahrungen als lediglich gesellschaftliche Fehlentwicklungen und entsprechende individuelle Deformationen begriffen, die letztlich einer Therapie grundsätzlich zugänglich sind. Demgegenüber hält die christliche Sündenlehre mit der Unterscheidung von Tat- und Erbsünde am Schuld- wie am Verhängnischarakter der Sünden- als Differenzerfahrung fest und zwar im radikalen Sinne einer anthropologischen Grundverfassung, wie dies die biblische Sündenfallerzählung in ihrem ätiologischen Charakter veranschaulicht. In der Sündenerfahrung liegt daher, mit Paul Ricœur gesprochen, immer die Erfahrung eines »Unwillentlichen im Kern des Willentlichen«[49]; insofern kann die »Therapie« nur in der externen Ermöglichung eines personalen Neuanfangs, d.i. in der *Vergebung*, liegen. Im Rechtfertigungsglauben artikuliert sich die alle Vergebungsvollzüge auszeichnende *Unterscheidung von Person und Tat* in einem doppelten Sinne, nämlich als Unterscheidung des Sünders (*peccator*) von seiner Sünde und des Gerechtfertigten (*iustus*) von seinem guten Handeln, insofern allein das im Glauben realisierte, unvertretbar individuelle Selbstverhältnis im Gottesverhältnis, so Luther, die Person konstituiert (*fides facit personam*). In der damit verbundenen dialektischen Sicht des Menschen als zugleich empirischem Sünder (*simul peccator*) und glaubend Gerechtfertigtem (*simul iustus*), d.h. im prekären Charakter seines Selbst- und Weltverhältnisses mit persistierenden Differenzerfahrungen, artikuliert sich seine bleibend fundamentale Vergebungsbedürftigkeit im Horizont endlicher, sich gegebener Freiheit.

Die theologische Rede vom erlösungsbedürftigen Menschen als *vergebungsbedürftigem* Sünder verweist so auf die konstitutive Externität menschlichen Lebens jenseits reziproker Intersubjektivität als das *extra me* der eigenen Existenz im Glauben, anders gesagt: als die im Glauben eröffnete Möglichkeit der eigenen Existenz in der Integrität von Gottes-, Selbst- und Weltgewissheit. Von der Erlösungsbedürftigkeit des Menschen zu sprechen, heißt deshalb, in modifizierender

---

[47] Zur Verwendung klinischen Vokabulars in der Sozialphilosophie seit der Wende zum 20. Jahrhundert vgl. ausführlicher POLLMANN (s. Anm. 28), 30-37.

[48] Vgl. bspw. POLLMANN (s. Anm. 28), 36f. 335-377; ROSA (s. Anm. 29), 541.71; vgl. auch ROSA (s. Anm. 42), 19: Auf den gängigen Vorwurf einer Ausblendung des Destruktiven, Bösen, gesteht Rosa hier zu: »Wahrscheinlich ist an dieser Kritik etwas dran, weil ich ein positives Menschenbild [sic!] zugrunde lege. Aus meiner Sicht ist das Verweigern von Resonanz eine Pathologie und liegt nicht in der Natur des Menschen.«

[49] PAUL RICŒUR, Die Erbsünde – eine Bedeutungsstudie, in: DERS., Hermeneutik und Psychoanalyse. Der Konflikt der Interpretationen II, München 1969, 140-161, hier: 161.

Anverwandlung einer These Rudolf Bultmanns, präzise vom erlösenden Gott zu reden. Denn, so Bultmann: »All unser Tun und Reden hat nur Sinn unter der Gnade der Sündenvergebung, und über sie verfügen wir nicht; wir können nur an sie glauben.«[50]

---

[50] RUDOLF BULTMANN, Welchen Sinn hat es, von Gott zu reden?, in: DERS., Glauben und Verstehen. Gesammelte Aufsätze, Band I, Tübingen 1964, 26-37, hier: 37.

Die Autorinnen und Autoren

GRÖZINGER, Albrecht, Prof. Dr. theol., geb. 1949,
Professor em. für Praktische Theologie an der Universität Basel. Gegenwärtig akademischer Leiter des Studienprogramms für berufliche Quereinsteiger ins Theologiestudium (QUEST) der Deutschschweizer Kirchen und der Theologischen Fakultäten Basel und Zürich. Promotion (1977) und Habilitation (1986) an der Universität Mainz. Lehrtätigkeiten an der Kirchlichen Hochschule Wuppertal sowie an den Universitäten Heidelberg, Freiburg im Breisgau und Basel. Von 2001 bis 2015 Mitglied im Board der Internationalen Societas Homiletica. Seit 2017 Mitglied der Ombudsstelle der Universität Basel.

Veröffentlichungen (Auswahl): Friedrich Naumann als Redner (Diss. Mainz 1977); Praktische Theologie und Ästhetik, München ^{2}1991 (1987); Die Sprache des Menschen. Ein Handbuch. Grundwissen für Theologinnen und Theologen, München 1991; Es bröckelt an den Rändern. Kirche und Theologie in einer multikulturellen Gesellschaft, München 1992; Differenz-Erfahrung. Seelsorge in der multikulturellen Gesellschaft, Waltrop 1994; Praktische Theologie als Kunst der Wahrnehmung, Gütersloh 1995; Die Kirche – ist sie noch zu retten? Anstiftungen zum Christentum in postmoderner Gesellschaft, ^{3}2000 (1998); Toleranz und Leidenschaft. Über das Predigen in einer pluralistischen Gesellschaft, Gütersloh 2004; Homiletik (= Lehrbuch praktische Theologie. Bd. 2), Gütersloh 2008.

GROHMANN, Marianne, Prof. Dr. theol., geb. 1969,
seit 2007 außerordentliche Professorin, seit 2019 Universitätsprofessorin für Altes Testament an der Evangelisch-Theologischen Fakultät der Universität Wien. Studium der evangelischen Theologie und Germanistik in Wien und Berlin sowie 1992/93 und 1995/96 Studium in Israel an der Hebräischen Universität Jerusalem. 1996-2002 Assistentin am Institut für Systematische Theologie, 2002-2006 am Institut für Alttestamentliche Wissenschaft in Wien. 1999 Promotion und 2006 Habilitation. 2007 Fulbright Gastprofessur an der University of Berkeley, Kalifornien.

Veröffentlichungen (Auswahl): Aneignung der Schrift. Wege einer christlichen Rezeption jüdischer Hermeneutik, Neukirchen-Vluyn 2000; Fruchtbarkeit und Geburt in den Psalmen (FAT 53), Tübingen 2007; Jewish and Christian Approaches to Psalms (HBS 57), hg. gemeinsam mit YAIR ZAKOVITCH, Freiburg/

Basel/Wien 2009; Individualität und Selbstreflexion in den Klageliedern, in: ANDREAS WAGNER/JÜRGEN VAN OORSCHOT (HG.), Individualität und Selbstreflexion in den Literaturen des Alten Testaments, Leipzig 2017, 259-277; Zur Bedeutung jüdischer Exegese der Hebräischen Bibel für christliche Theologie, in: EvTh 77/ 2017, 114-131; Second Wave Intertextuality and the Hebrew Bible (SBL Resources for Biblical Study 93), hg. gemeinsam mit HYUN CHUL PAUL KIM, Atlanta 2019.

HILLER, Doris, PD Dr. theol., geb. 1968,
seit 2013 Seminardirektorin des Predigerseminars Petersstift der Evangelischen Landeskirche Baden in Heidelberg mit Fachdozentur für Homiletik und Pastorallehre. Studium der ev. Theologie in Erlangen und Heidelberg. Assistentin im Fach Systematische Theologie in Jena (Promotion 1997) und Leipzig; Habilitation 2011 in Bochum. Privatdozentin für Systematische Theologie an der Theologischen Fakultät der Ruprecht-Karls-Universität Heidelberg; Pfarrerin der Evangelischen Landeskirche in Baden.

Veröffentlichungen: Konkretes Erkennen. Glaube und Erfahrung als Kriterien einer im Gebet begründeten theologischen Erkenntnistheorie, Neukirchen-Vluyn 1999; Gottes Geschichte. Hermeneutische und theologische Reflexionen zum Geschehen der Gottesgeschichte, orientiert an der Erzählkonzeption Paul Ricœurs, Neukirchen-Vluyn 2009; zus. mit EVE-MARIE BECKER (HG.), Handbuch Evangelische Theologie, ein enzyklopädischer Zugang, Tübingen 2006.

LANDMESSER, Christof, Prof. Dr. theol., geb. 1959,
seit Oktober 2006 Universitätsprofessor für Neues Testament an der Evangelisch-theologischen Fakultät der Eberhard Karls-Universität Tübingen. Studium der ev. Theologie und Philosophie in München und Tübingen. 1988-1990 Vikariat in Tübingen, anschließend Assistenzzeit in Tübingen. Promotion 1998 und 2000 Habilitation an der Evangelisch-theologischen Fakultät in Tübingen. 2003-2006 Professor für Neues Testament an der Johannes-Gutenberg-Universität Mainz. Seit 2008 Vorsitzender des Vorstands der Rudolf-Bultmann-Gesellschaft für Hermeneutische Theologie. Seit 2010 Mitglied in der Kommission für den bilateralen Dialog der Evangelischen Kirche in Deutschland mit dem Ökumenischen Patriarchat Konstantinopel. Seit 2013 Mitglied im Ökumenischen Arbeitskreis evangelischer und katholischer Theologinnen und Theologen.

Veröffentlichungen (Auswahl): Wahrheit als Grundbegriff neutestamentlicher Wissenschaft, WUNT 113, Tübingen 1999; Jüngerberufung und Zuwendung zu Gott. Ein exegetischer Beitrag zum Konzept der matthäischen Soteriologie im Anschluß an Mt 9,9-13, WUNT 133, Tübingen 2001; gem. m. HANS-JOACHIM ECKSTEIN U. HERMANN LICHTENBERGER (HG.), Jesus Christus als die Mitte der Schrift. Studien zur Hermeneutik des Evangeliums, BZNW 86, Berlin 1997;

gem. m. CHRISTINE HELMER (HG.), One Scripture oder Many? Canon from Biblical, Theological, and Philosophical Perspektives, Oxford/ New York 2004; gem. m. ANDREAS GROSSMANN (HG.), Rudolf Bultmann – Martin Heidegger, Briefwechsel 1925–1975, Frankfurt/Tübingen 2009; gem. m. MARTIN BAUSPIESS UND DAVID LINCICUM (HG.), Ferdinand Christian Baur und die Geschichte des frühen Christentums, WUNT 333, Tübingen 2014; Bultmann Handbuch (Hg.), Tübingen 2017; Mit Paulus Gott denken, in: HANS-PETER GROSSHANS, MICHAEL MOXTER, PHILIPP STOELLGER (HG.), Das Letzte – der Erste. Festschrift für Ingolf U. Dalferth zum 70. Geburtstag, Tübingen 2018, 221–241; Parusieverzögerung und die Gegenwart der Glaubenden. Zur Hermeneutik von Ambiguität und Ambivalenz der christlichen Existenz in der Theologie des Paulus, in: Early Christianity 9/2018, 107–130.

LEPPIN, Volker, Prof. Dr. theol., geb. 1966,
seit 2010 Professor für Kirchengeschichte (Schwerpunkt: Spätmittelalter und Reformation) an der Ev.-Theol. Fakultät Tübingen. Studium in Marburg, Jerusalem und Heidelberg. 1994 Promotion in Heidelberg mit einer Dissertation über Wilhelm von Ockham, 1997 Habilitation ebenda mit einer Arbeit über lutherische Apokalyptik. 1998-2000 vertrat er einen kirchenhistorischen Lehrstuhl in Frankfurt. Von 2000-2010 war er Professor für Kirchengeschichte in Jena, seit 2010 ist er in derselben Tätigkeit in Tübingen tätig und leitet dort das Institut für Spätmittelalter und Reformation. Er ist Mitglied der Heidelberger Akademie der Wissenschaften und korrespondierendes Mitglied der Sächsischen Akademie der Wissenschaften sowie wissenschaftlicher Leiter des Ökumenischen Arbeitskreises evangelischer und katholischer Theologen.

Veröffentlichungen (in Auswahl): Wilhelm von Ockham ²2010; Martin Luther ³2017; Geschichte des mittelalterlichen Christentums 2012; Die Reformation ²2017; Franziskus von Assisi, Darmstadt 2018.

MARX-STÖLTING, Lilian, Dr. rer. nat., geb. 1975,
Seit 2010 wissenschaftliche Mitarbeiterin der Interdisziplinären Arbeitsgruppe Gentechnologiebericht der Berlin-Brandenburgischen Akademie der Wissenschaften. Studium der Biologie und Philosophie an der Universität Heidelberg, der University of Connecticut in Storrs (USA) und am Albert Einstein College of Medicine in New York City. 2007 Interdisziplinäre Promotion in Biologie am Lehrstuhl für Ethik in den Biowissenschaften der Universität Tübingen. 2007-2010 Postdoc im Graduiertenkolleg Bioethik der DFG am Internationalen Zentrum für Ethik in den Wissenschaften der Universität Tübingen. Mitarbeit an verschiedenen Diskursprojekten zur Bioethik. Forschungsschwerpunkte: Wissenschaftstheoretische und ethische Aspekte verschiedener Gentechnologien. Dazu gehört auch die Auseinandersetzung mit jüdischen Perspektiven.

Veröffentlichungen (Auswahl): Ethical Implications of Pharmacogenetics: Do Slippery Slope Arguments Matter? Bioethics 18(4) 2004, 361-378; Pharmakogenetik und Pharmakogentests. Biologische, wissenschaftstheoretische und ethische Aspekte des Umgangs mit genetischer Variation. Berlin 2007; Medical Ethics in Health Care Chaplaincy - a Jewish Perspective, In: WALTER MOCZYNSKI ET AL. (HG.), Medical Ethics in Health Care Chaplaincy, Berlin 2009, 67-88; Jüdische Perspektiven auf bioethische Fragestellungen und ihre Rolle in bioethischen Diskursen in Deutschland, in: FRIEDEMANN VOIGT (HG.), Religion in bioethischen Diskursen, Berlin 2010, 267-291; Genetic Engineering, in: Zentralrat der Juden in Deutschland (Hg.), Ethik im Judentum, Berlin 2015, 87-110; gem. mit MARTIN ZENKE und HANNAH SCHICKL (HG.), Stammzellforschung. Aktuelle wissenschaftliche und gesellschaftliche Entwicklungen, Baden-Baden 2018; gem. mit FERDINAND HUCHO ET AL. (HG.), Vierter Gentechnologiebericht. Baden-Baden, 2018; Menschen als »Mitschöpfer«? Jüdische Perspektiven auf Fragen der Selbstoptimierung, in: BERND WEIDMANN/THOMAS VON WOEDTKE (HG.), Das menschliche Maß. Orientierungsversuche im biotechnologischen Zeitalter, Leipzig 2018, 83-108.

REINMUTH, Eckart, Prof. Dr. theol., geb. 1951,
war von 1995 bis 2017 Professor für Neues Testament an der Theologischen Fakultät der Universität Rostock, studierte von 1969 bis 1974 Evangelische Theologie in Greifswald, wurde 1981 in Halle promoviert und habilitierte sich 1992 in Jena. Er war Gemeindepastor in Mecklenburg und Professor für Neues Testament an der Kirchlichen Hochschule Naumburg und der Universität Erfurt.

Veröffentlichungen: Paulus. Gott neu denken, BG 9, Leipzig 2004, ²2018; Der Brief des Paulus an Philemon, ThHK 11/II, Leipzig 2006; Anthropologie im Neuen Testament, UTB 2768, Tübingen 2006; Joseph und Aseneth (Hg.), SAPERE XV, Tübingen 2009; Politische Horizonte des Neuen Testaments (Hg.), Darmstadt 2010; Neues Testament und politische Theorie. Interdisziplinäre Beiträge zur Zukunft des Politischen (Hg.), Stuttgart 2011; Neues Testament, Theologie und Gesellschaft. Hermeneutische und diskurstheoretische Reflexionen, Stuttgart 2012; Subjekt werden. Neutestamentliche Perspektiven und politische Theorie (Hg.), TBT 162, Berlin/Boston/Peking 2013; Sola Scriptura - das Performative und das Politische, in: STEFAN ALKIER (HG.), Sola scriptura 1517-2017. Rekonstruktionen - Kritiken - Transformationen - Performanzen, Tübingen 2019, 553-568.

SCHLENKE, Dorothee, Prof. Dr. theol., 1961,
seit 2000 Professorin für Evangelische Theologie/Religionspädagogik (Schwerpunkt Systematische Theologie) an der Pädagogischen Hochschule Freiburg i. Brsg.; Studium der Evangelischen Theologie, Philosophie und Neueren Deutschen

Literaturwissenschaft in Bethel/Bielefeld, München, Mainz und an der Hebräischen Universität Jerusalem; 1996 Promotion in Mainz; 1992-1998 Vikariat und Pfarrerin im Schuldienst in München.

Veröffentlichungen (Auswahl): Interreligiöse Annäherung? – Kontinuität und Wandel in der Haltung der EKD zum interreligiösen Dialog, in: HERMANN JOSEF RIEDL/ABDEL-HAKIM OURGHI (HG.), Interreligiöse Annäherung. Beiträge zur Theologie und Didaktik des interreligiösen Dialogs, Berlin 2018, 15-50; mit ELISABETH GRÄB-SCHMIDT/MATTHIAS HEESCH/FRIEDRICH LOHMANN/CHRISTOPH SEIBERT (HG.), Leibhaftes Personsein. Theologische und interdisziplinäre Perspektiven, Leipzig 2015; »Christliches Abendland«? Grundsätzliche Überlegungen zur Bedeutung des Christentums für die Vorstellung europäischer Identität, in: OLIVIER MENTZ/ RAJA HEROLD (HG.), Gibt es ein Wir? Reflexionen zu einer europäischen Identität, Berlin 2014, 9-44; »Historischer Jesus und dogmatischer Christus«. Bleibende Anfragen, in: ULRICH BARTH/CHRISTIAN DANZ/WILHELM GRÄB/FRIEDRICH WILHELM GRAF (HG.), Aufgeklärte Religion und ihre Probleme. Schleiermacher – Troeltsch – Tillich (TBT 165), Berlin 2013, 593-613; »Geist und Gemeinschaft«. Die systematische Bedeutung der Pneumatologie für Friedrich Schleiermachers Theorie der christlichen Frömmigkeit. Eine Interpretation der Glaubenslehre (TBT 86), Berlin – New York 1999.

Christof Landmesser | Doris Hiller (Hrsg.)
Wahrheit – Glaube – Geltung
Theologische und philosophische Konkretionen

176 Seiten | 15,5 x 23 cm
Hardcover
ISBN 978-3-374-05985-0
EUR 34,00 [D]

In einer Zeit, in der sich unterschiedliche und zuweilen widersprechende Wahrheiten nahezu täglich neu Geltung verschaffen, müssen die Wahrheits- und Geltungsansprüche des christlichen Glaubens überprüft und in einer steten Interpretation der biblischen Texte vergegenwärtigt werden. Sich in den vielfältigen Deutungen der Großbegriffe zu orientieren und theologische und philosophische Konkretionen zu formulieren, hat sich die 20. Jahrestagung der Rudolf-Bultmann-Gesellschaft für Hermeneutische Theologie zur Aufgabe gemacht. Der Sammelband dokumentiert deren Erträge.

20 Jahre waren auch Anlass für eine Rückschau. Neben zwei Beiträgen der beiden Vorsitzenden findet sich deshalb auch eine Übersicht zu den Vorstandsmitgliedern sowie zu den Themen und Vorträgen der Jahrestagungen.

EVANGELISCHE VERLAGSANSTALT
Leipzig   www.eva-leipzig.de

Tel +49 (0) 341/ 7 11 41-44   shop@eva-leipzig.de

Ingolf U. Dalferth
Wirkendes Wort
Bibel, Schrift und Evangelium
im Leben der Kirche
und im Denken der Theologie

488 Seiten | 14 x 21 cm
Hardcover mit Schutzumschlag
ISBN 978-3-374-05648-4
EUR 38,00 [D]

Der international bekannte Systematiker und Religionsphilosoph Ingolf U. Dalferth bestimmt das Verständnis von »Wort Gottes«, »Bibel«, »Schrift« und »Evangelium« neu und stellt damit das herrschende Theologieverständnis radikal infrage.

Die protestantische Theologie ist mit ihrer unkritischen Gleichsetzung von Schrift und Bibel in die »Gutenberg-Falle« gegangen und hat sich im Buch-Paradigma eingerichtet. Die reformatorische Orientierung an Gottes schöpferischer Gegenwart in seinem Wort und Geist wurde ersetzt durch die historische Beschäftigung mit Gottesvorstellungen. Dabei brachte und bringt Theologie Interessantes ans Licht, aber am Wirken des Geistes versagen ihre Instrumentarien. Will Theologie eine Zukunft haben, muss sie wieder lernen, sich produktiv mit den Spuren des Geistwirkens im Leben der Menschen auseinanderzusetzen.

EVANGELISCHE VERLAGSANSTALT
Leipzig   www.eva-leipzig.de

Tel +49 (0) 341/ 7 11 41-44   shop@eva-leipzig.de